新版

もうあがらない！

結婚式のスピーチで困らない本

ラジオDJ／パーソナルモチベーター

麻生けんたろう

同文舘出版

うぞ、そのまま棚にお返しください。

残念ですが、あなたとは縁がなかったとして私はあきらめます。

しかし、そうではなく、たとえ人前で話すのが苦手であっても、

「自分の魂からわき上がってくる言葉でスピーチができるようになりたい！」

と思っているのでしたら、本書があなたのお役に立つことを約束します。

なぜ、そう言い切れるのか。

それは、私もあなたと同じ「あがり症」だったからです。

大勢の前に立つだけであがってしまうあなたにとって、結婚式のスピーチほど不安なものはないでしょう。

心から祝いたいと思う反面、できればやりたくない。そこでなんとか簡単にすませようとして、友人の名前を当てはめるだけでスピーチできる例文はないかと探してしまう。その気持ちもわかります。

しかし私は、元あがり症の司会者として、たくさんのスピーチを聞いてきたからこそ、これだけは伝えたい。どんなにあがろうと、足が震えようと、その人の心の底から出てきた言葉に勝るスピーチはないということを。

それでも「あがり症」が気になってしまうというあなた！

大丈夫です。この本に書かれている最低限のマナーとコツさえ覚えてしまえば、あがらないスピーチができるようになります。

他人が考えたスピーチ例など、マネする必要はありません。

あなただけの言葉、それこそスピーチの極意です。

この本がきっかけで、あなたが結婚式のスピーチのみならず、日々、自分らしいコミュニケーションができるようになることを期待します。

麻生けんたろう

Contents

新版　もうあがらない！
結婚式のスピーチで困らない本

Part 1

新郎新婦に感謝！
結婚式はあがりを克服するチャンス！

Part 2

まずは、スピーチ原稿を作ってみよう！

Part3

このスピーチ練習で、当日が待ち遠しくなる！

Part4 いよいよ本番！ こうすればあなたはあがらない

Part 5
応用可能——状況別スピーチ事例

2次会で盛り上がるゲーム集！

カバーデザイン◎斎藤　稔
本文デザイン◎ISSHIKI
本文イラスト◎寺崎愛

Part 1

新郎新婦に感謝！
結婚式はあがりを
克服するチャンス！

私も　あなたと同じだった

今でもよく覚えています。

結婚式のスピーチを初めて経験したのが、23歳のとき。

大学時代の親友から頼まれました。

就職して社会に出たばかりのころでしたから、

「お祝いはいくら包めばいいのか?」

「どんな服装をして行けばいいのか?」

など、マナーやルールについて、わからないことだらけ……。

まして、スピーチをするなんて初めてのことでした。

とにかく例文がたくさん載っている本を2冊買い、その中から親友に当てはまりそうなものを選んで丸暗記しました。

さて、いよいよ結婚式当日。

それなりに準備をして臨んだのですが、結果は……悲惨でした。

「本日はおめでとうございます……」

この後が続かない。

トイレで何度も確認し、直前までは間違いなく覚えていたのです。

しかし、スポットライトを浴びた瞬間、パッと忘れてしまいました。

頭の中が真っ白になるとは、まさにこのこと。

必死に思い出そうとすればするほど、言葉が出てこない。

それでも、時間がたつにつれ、ところどころ思い出してきたので、

「……大学時代の伊藤君の印象を一言で言うならば、ボクは真っ先にその誠実な人柄を挙げます」

とスピーチを続けました。

真っ先に誠実な人柄を挙げると言っておきながら、真っ先に出てこないのですから、新郎新婦はもとより、列席者全員をがっかりさせてしまったのは、言うまでもありません。

もちろん、今ならこんな失敗はしません。しかし当時の私は、スピーチで一番大切

なものは何なのか、まったくわかっていませんでした。

しかも、この「干からびたスピーチ」が原因で、私は大勢の前では話せない「あがり症」になってしまったのです。

頼まれごとは最大のチャンス!

ところが、そのイヤな思い出から、ちょうど7年後のこと。

あたかも、そのコンプレックスを克服するために与えられたかのような課題が、常識ではあり得ないかたちでやってきました。

「実は……けんちゃんに結婚式の司会をお願いしたいんだ」

「ハ？　えっ？」

「式場は東京の……」

「ちょ、ちょ、ちょっと！　何言ってんの？　冗談でしょ？」

「冗談じゃないよ。あとスピーチもお願い！　1人2役はウケルぞ！」

「無理、ムリ、絶対無理！　やったこともないのに、しかもあがり症の俺がやるなんて、絶対無理だって！」


スピーチすらまともにできないあがり症なのに、なんと、親友から結婚式の司会を頼まれてしまったのです。しかも、その親友は現役の局アナでした。つまり、列席者のほとんどがしゃべりのプロ。

何も私に頼まなくても、いくらでも上手にできる人がまわりにいたわけです。そんな中で、まったく経験のないド素人の私が司会をしたら恥をかくだけですよね。それだけじゃない。親友にも迷惑がかかってしまう。

ですから、当然断りました。

それなのに、しつこく私に頼んでくる。

「大丈夫、本番までに俺が教えるから」

結局、根負けして引き受けることになったのですが、今では、その親友に感謝の気持ちで一杯です。

〝ピンチはチャンス〟とは、まさにこのことを言うのでしょう。

あのとき、司会を引き受けていなかったら、今の私は存在していないからです。

あがり症を克服できただけではなく、ラジオやテレビで話す仕事をするまでになり、私は180度生まれ変わりました。

この自分自身の経験から、あなたに最初にアドバイスしたいことがあります。

それは、「頼まれごとは最大のチャンスだ！」ということです。

そう、「あがり症」を克服する、またとないチャンスなのです。

しかも、あなたの人生をよい方向へ変えてしまうような、すばらしいギフトまで待っているかもしれません。

例えば、あなたのスピーチを聞いて、好意を寄せてくる人がいるかもしれない。仕事の依頼をしようと、帰り際に声をかけてくれる人もいるかもしれません。その場で

は何もなくても、

「今日の結婚式はよかったね。特に二番目にスピーチした人。つっかえながらも気持ちが伝わってきたわ」

こんなふうに、2次会の席で、あるいは帰りの電車の中で、あなたのことが話題にのぼるかもしれないのです。

大前研一さんは、

「今の時代でもっとも価値のある人は、会社のお偉いさんではなく、まわりに影響を及ぼすことのできる人だ」

と言っています。

つまり、あなたが何らかの影響を人に与えたというだけで、とても価値あることなのです。

これこそ、最高のギフトと言っても過言ではありません。

池に小石を落とさなければ波紋は広がらないように、あなたがスピーチをしなければ、何も起こりません。

まだ新郎新婦にOKを出していないのなら、今すぐ電話をかけて、

「喜んでスピーチさせてもらうよ。最高の役どころをくれて、ありがとう！」

と伝えてください。

頼まれごとは、あなたにとって最大のチャンスなのです。

スピーチのときにあがってしまう原因は、この７つ！

せっかく友人から頂いたチャンスをモノにするためにも、まずは、あなたの中に潜む〝敵〟を知らなければなりません。

あがり症を引き起こす要因には、私自身の経験から大きく分けて次の７つがあることがわかりました。

❶ 来賓、友人、ゲストの評価が気になる

例えば、会議で上司から意見を求められたとします。何も思い浮かばなかったら返事はあやふやになりますが、自分なりの考えを持っていたとしても結果は一緒です。話そうとした瞬間、「こんなことを口にしたら、アホだと思われるんじゃないか？」とブレーキがかかる。的外れなことを言って、センスがない、頭が悪いと評価されたらイヤだという気持ちが、緊張状態を招くからです。

自分の話したことが聞き手にどう受け止められるのかを意識してしまうのは、髪型や服装を気にするのと何ら変わりません。

まして、新郎新婦の晴れ舞台でスピーチを頼まれれば当然のことでしょう。

でも、その意識が過剰すぎると、声が小さくなる、震えるなどのあがり症が身体のあちこちにあらわれてしまうのです。

❷ 経験不足

生まれて初めてスキーの板をはいたときもそう。

その後、一人でゴンドラに乗せられたときもそう。

前もって知識を得ていても、うまくできるかどうかで不安になる。

今のあなたも同じ状況ではないでしょうか？

やったこともない結婚式の司会を頼まれた私が、どうしていいのかわからなくなったのは、はじめから終わりまでのプロセスが具体的にイメージできなかったからです。


大げさに言ってしまえば、先の見えない人生に不安を感じるのと同じです。

スピーチの経験が浅ければ浅いほど足踏みしてしまうのも、あらゆる状況を想定したイメージが湧きにくいからで、決して恥ずかしく思うことではありません。

ただ、実際にはそうした不安とわずかの期待がぶつかり合うアンバランスな状態が続いて、あがり症

を招いてしまうのです。

逆に、ネガティブなイメージが具体的に浮かんでくることであがってしまうこともあります。

よくあるケースとしては、一回か二回のごく少ない経験がある場合です。今の実力と理想とする状態との差が大きければ大きいほど、浮かんでくるイメージにより経験不足と捉えてしまうので、あがってしまうのです。適度であれば、スポーツ選手が記録を伸ばすように、初めてのスピーチでも集中力を持ってベストを尽くせます。

でも、顔は真っ青、足はガクガク震えるほどのプレッシャーに襲われたら、そうはいきません。「聴いているだけでハラハラする…この人、大丈夫かな…」とゲストによけいな心配までさせてしまいます。

❸間違った思い込み

たとえば、子供のころ、水の中に顔をつけるのが怖くて泳げなかった経験はないでしょうか。あるいは歯医者が怖くて、大人になった今でも苦手だという人もいるでしょう。これらのほとんどが、心理学で言う一回試行学習と呼ばれるものです。

たった一回の経験から、自分を守るために作られた行動プログラムのことで、あなたが危険だと思う状況を意図的に回避します。

これはこれで、私達に備わった素晴らしい能力なのですが、困ったことに、間違った思い込みである場合も多いのです。

先ほどの例だと、すべての歯医者さんが痛い治療をするわけではありません。

同じように、私の場合、実際に結婚式の司会をやってみたら、思ったほどあがらなかったのです。

多少の失敗はあったにせよ、気がつけば拍手までもらっていました。

昔、人前で恥をかいた、たった一度きりの苦い過去が「自分はあがり症なんだ」「大勢の前ではうまく話せない」と思い込ませていたのです。

❹ 影響力

残り10秒、最後のワンチャンス。ここでシュートを決めれば逆転勝ち。けれど、外したら全国大会への道が閉ざされる。

あるいは、あと1問正解すればハワイ旅行。逆に、間違えれば今までの賞金額がゼロになるというクイズ大会。

どちらも、想像しただけでドキドキするのではないでしょうか。

同じように、自分のスピーチしだいで披露宴の雰囲気が決まってしまう、2次会で映像を流される、記録として永遠に残るなど、影響度が大きい場面ではドキドキしてあがりやすくなります。

私が初めて結婚式の司会をしたときもそうでした。

新郎新婦にとっては一度きりの晴れ舞台（になるはず？）

二人はもちろん、列席者をがっかりさせるような進行は絶対に許されません。

そんな大役を任された状況下では、結果に対する影響の大きさがプレッシャーとなり、思うように声が出せなくなるのです。

初挑戦というだけでも不安な気持ちでいっぱいなのに、さらに、そこに責任の重さが加わると、より緊張感を抱いてしまう。

3歳児の前で初めて本の読み聞かせをすることになっても、声が裏返るほどの緊張はしないでしょう。

でも、自分のスピーチしだいで一生の思い出が決まるとなれば、あがり症を引き起こす要因となるのです。

❺ 前から突き刺す視線

招待客からの視線ビームも、ふだん通りに話せなくなる大きな要因です。

就職活動や社会経験があれば、こんな場面を思い出してみてください。

ドアをノックして部屋に入ると、ずらりと並んだ役員の姿。

「そこにお座りください」

もうこの瞬間から、「はい」の返事が震えてしまった経験はないでしょうか。

他にも、異業種交流会の自己紹介で、皆の前に立ったとたん、言葉につまった経験があるかも知れません。

どちらにも共通しているのは、多くの視線にさらされる状況です。

一対一なら普通に話せても、会場いっぱいの招待客を前にしたスピーチでは視線の恐怖を感じて、つい萎縮してしまう。

自分は見られているという感覚が、そのような状態を招き、あがってしまうのです。

スピーチをするあなたと招待客との差は、どちらが見られる側で、見る側なのか？　この差が、想像以上にあがり症の要因となります。

❻ 身体が冷えている

結婚式のスピーチであがってしまうのは、あなたの感情だけが要因ではありません。身体に寒さを感じただけでも招きやすくなるのです。

例えば、これからスピーチをするというときに、会場内のエアコンが効きすぎていたら、たったそれだけで、思い通りの声が出せなくなります。

理由を述べる前に、ちょっとした実験をしてみましょう。

今から、上を向いたまま悲しい出来事を考えてみてください。

大好きなペットとお別れした場面でも、失恋した思い出でも何でもかまいません。

やってみるとわかりますが、正直、上を向いた状態では、なかなか悲しい気持ちにはなりにくいのではないでしょうか。

逆に視線を下に落とすと、ウルウルとした感情を抱きやすいはずです。

上を向いたままでは、楽しいことしか考えられません。逆に楽しいことを考えているときは、

いつの間にか上を眺めています。

このように私達の心と身体は深くつながっていて、それぞれが、影響し合うスイッチになっているのです。

身体が寒さを感じたときも同じです。

血流が増え、筋肉が硬直し、手や足などに震えが起きてくる。その震えから「あがっている」という感情が生まれ、声が出にくくなるのです。

❼内に向いた心の状態

最後の要因は心の向きです。

私が、初めて結婚式の司会をしたときに気づいたことがありました。本番前と後では、気持ちの矢印がまったく逆になっていたのです。

「失敗したらどうしよう」「恥をかきたくない」「変な人に思われたくない」

はっきり言って、自分のことばかり。

心配すればするほど、気持ちが内向きになっていたのが司会をする前です。

反対に、「ここで新郎新婦を盛り上げよう」「来賓の方にも楽しんでもらおう」と、相手へ気持ちを向けていたのが、司会をしているときだったのです。

つまり、気持ちの向かう先が内側（自分）になっていると、あがってしまうのですね。

これまで述べてきた要因がいくつも重なると、正直、この状態になります。頭のてっぺんから足の指先まで緊張していくのがわかるでしょう。

でも、実際の順番は違います。ニワトリが先か卵が先かのような話になりますが、どんな理由にせよ、心の矢印を内側に向けたことであがってしまうのです。

スピーチのときもまったく同じです。

「足がガクガク震えているのを見られていないかしら…」「もし、気づかれていたら恥ずかしい…」「突然、内容を忘れてどもったらどうしよう…」

あがり症を心配される方のほとんどが、こんな風に自分のことばかりを考えているのです。

しかも、本番ではスポットライトが当たるので、自分の姿がどんな風に列席者に映っているのかが、よけいに気になってしまいます。

ふだんは普通に話せているのに「どもる」、寒くもないのに「震える」などの身体的症状も、実は、こうした心の向きが影響しているのです。

ここさえ押さえれば、あがらずにスピーチできる！

では、どうしたら緊張を少しでも抑えることができるのか？　あがらずにスピーチができるようになるのか？　ここが、一番知りたいところでしょう。

あがり症を引き起こす7つの要因がわかれば、その答えは簡単です。

1. 思考を変える

まず、間違った思い込みを正しい情報に書き換えます。あがり症を引き起こす要因だった「一回試行学習」は、逆に言えば、別の新しい考えも、同じように一回で学ぶことができる証拠です。その部分を利用することで、あがらずにスピーチができるようになります。

具体的には、私が結婚式の司会をしたようにあえて不安に思うことを、勇気を出してやってみるのです。

あなたがサラリーマンやOLならば、「今度の会議は君が進行してくれ」と上司から頼まれることもあるでしょう。

そんなときに、あがり症を克服するチャンスだと前向きに捉えて、挑戦してみるのです。

やってみたら意外と大丈夫だった、という経験が、頭の中の思考を正しいものに書き換えてくれます。

ただし、それができないから苦労しているんです、という方もいるでしょう。そんなあなたは、日々、小さなことからコツコツと経験を積み上げてください。

飲み会の幹事を頼まれたら進んで引き受けるなど、どんなに少人数でも、人前で話すチャンスがあれば、積極的にチャレンジしていってほしいのです。

カリスマセラピストの石井裕之さんは、「心にも筋肉がある」と言っています。

例えば、テニスの錦織圭選手が、毎日、トレーニングもせずに身体を鍛えていなかったら、プロとして活躍できたでしょうか？

答えは言わずともわかりますよね。

同じように、メンタル面も少しずつふだんから鍛えておかなければ、人前で自信をもってスピーチすることなどできないのです。

思考を変えるためにも、このメンタルマッスルはとても大切です。

2. 準備をしっかりする

「こんなの当たり前でしょ！」と思ったかも知れませんね。

しかし、あがりを恐れている人は、この準備が「大切」なことをわかっていながら、できていない人がほとんどなのです。

私が電話で個別アドバイスをした方の中にも、挨拶の内容を考えるのが面倒臭いという方がいらっしゃいました。

これでは、あがって当然です。

たとえば、まったくスピーチ経験のない人が友人から祝辞を頼まれたとしましょう。

まず、「内容はどうしよう…」という第一の壁が立ちはだかります。それを解決すると、「どんな構成でスピーチすればいいのか…」という壁が、それを解決すると「話しているときの表情は?」「姿勢は?」「声は?」「スピードは?」「他に気をつける点は?」など、次から次へと壁が立ちはだかります。これは仕方のないことです。経験が少なければ、わからないことがたくさんあって当然です。

だからこそ、本番であがらないために、1つひとつ逃げずにクリアしていくのです。

大丈夫です。2章以降に具体的な準備方法をご紹介いたしますので、今は準備が大切なんだということだけ理解してください。

3. ワクワク感を高める

新郎新婦からスピーチを頼まれたら、本番までにワクワク感を高めていきましょう。

遊園地で、最初にジェットコースターに乗ったときのことを思い出してみてください。不安よりもワクワク感の方が勝ったときほど乗り込んでいたはずです。予想以上に楽しくて、何度も列に並んでいたかもしれません。

同じように、結婚式のスピーチに初めてチャレンジするときなどは、「恥をかくかも…」と不安を抱く一方で、「いや、待てよ…ひょっとして、拍手喝采になるかもなぁ」「列席者からも、〝新婦の魅力が伝わってきてすごくよかった！〟って褒められるかもしれない…」

こんな風に、ワクワクしてしまうことも想像して、心のバランスをとっていくのです。

どうせなら、自分に都合のよい妄想をどんどんしちゃいましょう。

そして、ここが非常に大事です。たった1gでかまいません。不安よりも、ワクワク感が増した状態で本番を迎えるのです。

そうすれば、極度の緊張から解放され、細く、小さく、声が震えて聞き取りづらくなる心配もありません。

4. 気持ちを外側（先）に向ける

見た目はお世辞にもカッコイイとは言えないのに、合コンで知り合った女性を次々と誘える友人がいました。その成功率120%の口説き文句は、こうです。

「よし、次にお店に入ってくる人が、男か女か当てよう！　はずれた方が、モスバーガーおごりだからね」

文章で書くと、あまりにもチープな誘い文句なので、え？　こんなんで騙されちゃうの？　と思ったかも知れません。

しかし、カンの鋭い方なら、このトリックの巧妙さに気がついたことでしょう。

「この後、二人でデートするのかしないのか？」ではなく、「どちらがモスバーガーをご馳走するのか？」という部分に焦点を当てているからです。

つまり、デートするのはすでに決まっていることとして、その先の話をしているのです。

同じようにドキドキを抑えたいのなら、あがらない状態を前提に、その向こう側にある本質的な部分へ気持ちを向けてください。

結婚式のスピーチを頼まれたのなら、あなたは、いかにあがらないように話すかを考えるのではなく、「新婦（新郎）の魅力をより多くの人に伝えるためには、どんなスピーチをしようかな」と考えるのです。すると「そうだ！　一番の魅力はここだから、こんなエピソードを紹介しよう」「きちんと伝えたいから練習しよう」と自然に相手の方へと気持ちが向かいます。

ここが本当に大切なところで、外側に意識や目標をあわせると、気がついたときには、内側に潜んでいた悩みが消えているのです。

つまり、あがり症のことなど、もうどうでもよくなっているのです。

実際にやってみるとわかりますが、口説き文句と同様で、驚くほど効果的です。ぜひ、試してみてください。

5. 身体をあたためる

スピーチをする前には、必ず身体をあたためて寒気を感じないようにしましょう。手足を使った軽い運動、可能であれば会場の温度設定はもちろん、1枚多く衣服をはおるなどして、あなたがリラックスできる体感温度に近づけます。

飲み物も冷たいものではなく、あたたかいお茶にすると、身体の内側からあたたまるので、あがり症を抑えるのに効果的です。

簡単にできる対策ほどおろそかにしてしまいがちですが、声をしっかり前に届けるためにも、体をあたためる準備を今から習慣化してみてください。

ある「種」を植えつける

理想の身体を作るのに1年はかかるのと一緒で、自分のモノにするためには、日々の習慣しかありません。

その積み重ねの1つひとつが、あなたに、あがり症を克服するための種を植えつけます。

ご安心ください。この種を育てるのに、1年もの期間は必要ありません。どんなに長くても1ヵ月。早ければ1週間で芽が出始めます。

話をするとき、ふだんよりも相手に気持ちを傾けてみる。

会社の朝礼で何か話さなければいけないとき、前の日にじっくりと準備をしてみる。何でも結構です。コツコツ、できるところから毎日実践してみてください。

他にも、スポーツ選手なら必ずやっている、成功イメージを思い浮かべるあがり克服法がありますが、それは応用編としてPart3でご紹介します。

さあ、これで、あなたは友人からもらった素晴らしいチャンスをつかむ準備が整いました。

次章からは、いよいよ、スピーチ原稿を作るための具体的な準備方法をご紹介します。

Part2

まずは、スピーチ原稿を作ってみよう！

準備をする上で、もっとも大切なこと

実は、これさえできれば、本番であがってもあがらなくても、スピーチは１００％成功するという準備方法があります。

この本を選んでくれたあなただからこそ、伝えたい大切なことです。

それは、

「Your happiness is My happiness !」

という考え方を持つことです。

「あなたの幸せは私の幸せ」、つまり相手の幸せを自分のこととして喜べる心を持つことが、一番大事な準備です。

先ほどご紹介したカリスマセラピストの石井裕之さんは、人に何かを伝えるときこそ、ＤｏよりＢｅのほうが大切だと言います。

何をするか（Ｄｏ）に焦点を当てるよりも、あなたが今、どういう人間であるか

（Ｂｅ）のほうが結果に大きな影響を与えるからです。

例えば、「10分で信頼関係が築ける会話術」を、本を読んで知ったとします。それが、相手の幼少時代にさかのぼって話をすることだとしましょう。

あなたは、初めての商談相手に、そのテクニックを使ってみました。ところが、最初はうまくいっていたけれど、途中から相手を怒らせてしまった。

「おかしい……。本に書かれている通りにやったのに……」

「やっぱり、このテクニックは使えないな」

Ｂｅの部分ができていないと、こんなことが現実に起こってしまうのです。ノウハウやテクニックをいくら学んでも、結局は、「今のあなたの在《あ》り方」にふさわしいものがあなたに引き寄せられます。

あがり症を抑えるテクニックを知ることも大切です。

だからこそ、私はこの本を書いています。し

かし、それを活かすも殺すも、あなたの「心の在り方」しだいなのです。

「Your happiness is My happiness !」

これだけは、準備の段階から徹頭徹尾、願ってください。

頭ではわかっていても、具体的にどうすればいいのかがわからない方は、次の方法を試してみるとよいでしょう。

あなたの心と身体が相手とつながって、同じ血液が流れているイメージをしてみてください。

あなたの中に相手が入っているというイメージでもかまいません。

そうすることで、相手の喜びを自分のこととして感じられるようになります。

より多くの人と幸せを分かち合いたい、親友の魅力を来賓の皆さん全員に伝えたいと、心がどんどん広がってくるでしょう。

この「心の在り方」さえできてしまえば、本番であがってもあがらなくても、スピーチは100%成功します。あなたが、すばらしい人間になればなるほど、それにふさわしい状況が展開されるからです。

その上で、さらに120%成功するための方法が「Do」の部分、本書でご紹介する「あがらずにスピーチができるノウハウ」なのです。

核となる内容を選ぶ

本番であがらないようにするためには、まず、事前にしっかりと話す内容を決めておきます。

とは言え、結婚式のスピーチにふさわしい内容はほぼ決まっているため、次のいずれかから選ぶとよいでしょう。

①名言・格言を入れたスピーチ
②自分の失敗談からのアドバイス
③新郎新婦のエピソードの紹介

この中から、あなたの年齢やスピーチする立場、期待されている内容を考慮して選んでいきます。

❶名言・格言を入れたスピーチ

あなたにもひとつや2つ、心を打たれた名言がありますよね。

ゲーテやゴッホといった偉人たちはもちろん、今も活躍しているスポーツ選手や著名人の発した言葉の中にも素敵な名言がたくさんあります。

どれも短い言葉の中に、その人の人生そのものが凝縮されているため説得力があり、心に深く響いてきます。

これらを新郎新婦へのはなむけの言葉として贈るとスピーチが際立つのでおすすめしたいところなのですが、あがり症が心配なあなたにとっては少しハードルが高いかも知れません。

名言を使ったスピーチのポイントはズバリ、その名言選びと、いかに自分の経験に落とし込めるか、ということです。

あまりにも有名な名言を選んでしまうと「また、この話か」と思われます。かと言って、自分だけが知っているようなマイナーな名言だと共感を得られない可能性があります。

このバランスをとるのがなかなか難しいのですが、どちらも、うまく自分の経験に落とし込めさえすれば、多くの人の腑に落ちる味わい深いものとなります。

要は、どんな名言を選ぶかと、自分の経験のバランスが成功のカギを握っているのです。

年配者やスピーチ経験の豊富な方でなければ、その場にふさわしい名言と自分自身の経験を結びつけることは難しいでしょう。仲人、あるいは会社の上司といった立場でなければ、無理に選ぶ必要はありません。

ただし、どうしても名言パターンでいきたいんだ、というあなたには、こんな方法もあります。

「会社帰りに、いつものように新郎を交えて飲んでいると、同じ部署の水谷先輩が言うんです。『結婚ってさ、このお酒みたいなものだよ。〝大雪の湧き水〟と〝吟おとめ〟が出会わなきゃ、こんなに旨い酒、味わえないんだからな』って」

このように、ごく身近な人の名言を使うのです。

名言というと、つい著名な人の言葉ばかり考えてしまいますが、決してそんなことはありません。

発言した人が列席者の中にいれば、場も和み、スピーチがしやすくなるので初心者にはおすすめです。

◆予想を裏切るパターンもあり

名言を入れた王道スピーチだと思わせておいて、それを裏切るやり方もあります。

これは上級者向けですが、決まれば面白いでしょう。

たとえば、有名な「3つの袋の話」をする時に、正しくは「お袋、給料袋、堪忍袋」ですが、そこを「まずお話ししたいのは池袋です。二人が初めてデートしたのは池袋でした」と列席者の予想を裏切るのです。

他にも、「皆さん、3つの袋の話といえば、ご存じの方も多いと思いますが、実はそれぞれの袋から1本の毛が生えているのはあまり知られていません。今日はそれをご紹介しましょう。1本目は〝つつぬけ〟です。新郎が何か隠しごとをしようとしても、それは全部嫁に筒抜けとなります！」と予想を裏切り、「また、この話か」と思わせない。

有名な格言を引用したいときは、自分や新郎新婦の経験と結び付け、オリジナルにアレンジするのがコツです。

❷自分の失敗談からのアドバイス

既婚者、あるいは結婚経験のある方なら、そこから得られたモノをスピーチの題材にすることができます。例えば、夫婦円満の秘訣などを2人にアドバイスすれば、それがお祝いの言葉となるからです。

ただし、ここで気をつけてほしいのが、「亭主関白こそ結婚生活のあるべき姿だ」というように、「○○すべきだ」と決め付けてアドバイスしないことです。

年配の方であれば、若い人に説教したくなる気持ちはわかります。

しかし、聞いていて、あまり気持ちのよいものではありません。

他人からの押し付けを嫌がる人は多いので、もしアドバイスするならば、「私の場合はこれでうまくいきました。ケンカをしたときは、ぜひ参考にしてください」というニュアンスのほうが、好感を持たれます。

そして、もうひとつ忘れてほしくないのが、決して自慢話にはしないことです。

テレビのワイドショーを見ていてつい感情を動かされてしまうのは、苦労話や失敗談のほうではないでしょうか。

「あの人でもこんなことがあったのね」

と、素直に共感できるからこそ、これまで好きでも何でもなかった芸能人に気持ちが傾くのです。

人は他人の自慢話は聞きたくありません。自慢であればあるほど耳をふさいでしまいます。しかし、失敗談には耳を傾けてくれます。一流のマジシャンでさえ、わざと失敗して観客の気持ちをつかむことがあるそうです。

アドバイス型のスピーチでいくなら、迷わず失敗談から選びましょう。新郎新婦はもちろん、列席者の心をつかむ最大のコツです。

❸ 新郎新婦のエピソードを紹介

結婚披露宴にはさまざまな招待客が集まります。式のスタイルや規模にもよりますが、友人、知人、親戚だけでなく、会社の上司や先輩、高校、大学の恩師まで、立場も違えば住んでいるところも違う人が一同に会するのです。

なかには、はるばる遠いところから出席される方もいます。北海道で挙式をした私のときも、大勢の人が東京や横浜、山梨などからわざわざ飛行機に乗って駆けつけてくれました。はっきり言って、その場に一緒にいるのが奇跡と感じるほど、職業も年齢も立場も違う人たちが集まるのが、結婚披露宴なのです。

そういった状況の中で、あなたはスピーチをします。

列席者の立場になってみてください。どんなエピソードを聞きたいでしょうか。

あなたが新郎新婦の小学校時代の親友なら？

サークルの仲間なら？

新婦側の列席者だったら？

あるいは、親だったら？

答えはおのずと出てきますよね。

そう、あなたしか知り得ない2人の人柄や魅力を聞きたいのです。あなたが関わった時代のその人の活躍ぶりを知りたいと思っているはずです。

共通の知人でもない限り、新郎側の列席者は新婦のことを知りません。同じく新婦側の列席者も新郎のことをよく知りません。親なら、息子がどんな友達と付き合っているのか、娘の仕事ぶりはどうなのか、知りたくて仕方がない。遠く離れていればなおのことです。電話や年賀状のやりとりだけの親戚も、その気持ちは同じです。

だからこそ、あなたがスピーチで、その部分が伝わるエピソードを披露すると、メチャクチャ喜ばれるのです。小学校時代の友人は、大学時代のエピソードを聞いて「あいつ、全然変わってないな」と思うでしょう。あるいは逆に、意外な面を見つけたとびっくりするかもしれません。

一緒に過ごした時期も場所も違う列席者たちが、あなたのスピーチを聞いてひとつになれるのが、エピソード型スピーチのよいところです。

あなたに一番おすすめなのは？

また、他にも時系列方式という、媒酌人の挨拶でよく使われるスピーチ法があります。

生年月日、出身地、学歴、職業、２人の馴れ初めなどを、履歴書のように時系列で紹介していく方法です。

用意した原稿を見ながらスピーチできるため、声さえはっきり出せれば、意外に難しくありません。ただし、媒酌人以外の立場では滅多に使えない方法です。やはりあ

くまでも基本は、
①名言・格言を入れたスピーチ
②自分の失敗談からのアドバイス
③新郎新婦のエピソードを紹介
の3つとなります。

この中でどれを選んだらよいかというと、ズバリ本書でおすすめするのは③のエピソード型です。

理由は次の通りです。

・エピソード型は必然的に実体験がベースとなるため、あとで説明するスピーチ原稿が書きやすくなる。
・自分と相手との共通体験は忘れにくく、本番で頭が真っ白になるといった、あがり症特有の状態が防げる。

・多くの人に喜ばれ、最後には盛大な拍手までもらえる。

つまり、今のあなたにぴったりなのが、このエピソード型のスピーチなのです。どこかの本に載っていた名言やアドバイスなど、自分の引き出しにないスピーチを無理にする必要はありません。スピーチにふさわしいエピソードは必ずあります。少しの間、記憶をさかのぼって探してみるだけです。

その方法を次に詳しく述べますが、エピソード型のよいところは、なんといってもあなただけの言葉で紹介することができることです。それにオリジナルですから、失敗のしようがありません。

あがり症が心配な方や、スピーチが初めてという方は、どんな立場であれ、新郎新婦のエピソードを第一候補に選んでみてください。

エピソード探し

それでは、これからスピーチのメインとなるエピソードを実際に探してみましょう。

まず、あなたが素直に感じる新郎新婦の人柄や魅力を紙に書き出します。例えば、

- 運動神経抜群
- 気がきく
- 男気がある
- 誠実
- くよくよしない

このように、短い言葉でかまいません。

他人の風評は一切気にせず、あくまでもあなたの主観で書いてみてください。

相手が新婦であれば、

- 姉御肌
- 仕事がていねい
- 温かさを感じる
- 家庭的
- いつもニコニコ

こんな印象があるかもしれません。とにかく、思いつくままにひとつでも2つでも書いていきます。

次に、その書いた言葉から連想されるポジティブな印象をひとつ書き加えます。先ほどの例だと、

- 運動神経抜群 ↓ すばやい
- 気がきく ↓ 相手の気持ちがわかる
- 男気がある ↓ 頼もしい
- 誠実 ↓ 対応がていねい
- くよくよしない ↓ 前向きにとらえる

こんな感じですね。

この作業も、同じように、あなたの印象のまま書いていきます。

ここまで書いたら、その紙をじっと眺めてください。

そして、なぜ、そのような印象を持つようになったのかを深く考えます。

すると、おぼろげながらも、エピソードが自然に浮かんできませんか?

友人代表であれば学生時代のある出来事、会社の同僚であればふだんの仕事ぶりなどから、そう感じた場面が思い出されるはずです。人によっては、いくつものエピソードが浮かんでくるかもしれません。

言葉や感触、臭い、色などの五感をともなって、より鮮明に現われることもあるでしょう。

そのときに忘れてほしくないのが、必ずメモをすることです。今、眺めている紙に、なぐり書きでいいので、感じたままを書き込んでください。

例えば、「人の気持ちがわかる」「機転がきく」。これが友人の魅力だとします。あなたは、どうしてそう思ったのかを考えているうちに、学生時代、彼と演劇をしていたことを思い出しました。

「そうそう、演劇の練習をしているときに、こう感じたんだよなぁ。こっちが間違えても、うまく合わせてくれるし……」

このとき、「演劇」「練習」「合わせる」などの、キーワードとなる言葉をそのままメモしていくのです。文章にしなくてかまいません。思いつくまま手を動かします。

すると、

「思い出した！　学園祭のとき、舞台で芝居をしていたら、前の席に座っていた幼い女の子が突然泣き出したことがあったな」

こんなふうに、他の場面まで浮かんでくることがあります。

友人は「ここでプリキュアに変身だ！」と、とっさにアニメのヒーローのセリフを口にしました。そのアドリブが見事に女の子の心をつかみ、泣きやんだというエピソードです。

書き足したキーワードは、「学園祭」「泣く」「女の子」「プリキュア」。

このように、エピソード探しの段階からスピーチの素材になりそうな言葉を集めておくと、このあとの作業である原稿作りがスムーズに進みます。

エピソードをひとつにしぼる！

次のようなA、B、2つの原稿があります。どちらも、よくラジオで耳にする20秒CMです。

仮に今、あなたが車を運転していて、CMが聞こえてきたら、より印象に残るのはどちらでしょうか？「北海道サマーカーニバル」にちょっとでも行こうかなと感じるのはAでしょうか？それともBでしょうか？

もちろん、感じ方は人それぞれでしょう。

Aでは、最後の「YOSAKOIソーランもやってくる！」が強調されるため、YOSAKOIに興味のある人は印象に残るかもしれません。

しかし、「家族で楽しめるイベントかぁ」「土日は北海道サマーカーニバルがあるんだな」ということが頭に入るのは、おそらくBのほうではないでしょうか。

A

北海道サマーカーニバル！

３日、４日の２日間はイベントが盛りだくさん！

バーベキューや金魚すくい、屋台もい〜っぱい。

卵のタイムサービスもあるよ！

会場は、札幌国道２３０号線沿い麻生２条３丁目。

今度の土日は、みんなで北海道サマーカーニバルに遊びに行こう！

ＹＯＳＡＫＯＩソーランもやってくる！

B

北海道サマーカーニバル！

３日、４日の２日間はイベントが盛りだくさん！

家族みんなで楽しめるバーベキューや金魚すくい、

卵のタイムサービス、屋台もい〜っぱいあるよ。

会場は、札幌国道２３０号線沿い麻生２条３丁目。

今度の土日は、みんなで北海道サマーカーニバルに遊びに行こう！

このようなＣＭを、「Ｂは、Ａより『寄った』ＣＭだね」と呼ぶことがあります。

人に何かを伝えたいとき、その部分に具体的に寄れば寄るほど印象に残りますが、逆に広げてしまうと、大切な部分がぼやけてしまうのです。

これは、結婚式のスピーチでも当てはまります。

新郎新婦との付き合いが長ければ長いほど、先ほどの素材探しで、紹介したいエピソードがたくさん浮かんできたかもしれません。

しかし、あれもこれもと欲張ってしまうと、結局、「今の話は何だったんだ？」ということになってしまいます。

大切なことは、新郎新婦の人柄をより多くの人にわかってもらうこと、より深く理解してもらうことです。

そのためにも、スピーチの中味はひとつのエピソードに「寄る」、つまりしぼり込んでください。

中途半端な印象を残さないためにも、新郎新婦の人柄がもっともよく伝わるエピソードだけを選んで具体的に紹介するのです。

取材する

エピソードの第一候補が決まったら、次は取材です。

よりおいしい料理を作るために、本場の材料や隠しスパイスを探してくるのと同じで、ご親族や友人、会社の同僚など、新郎新婦の関係者に取材するのです。

ここでのポイントは２つあります。

①事実を確認すること

②新郎新婦の意外な面を見つけること

エピソードの中には日時や場所、人の名前など、事実を入れなければならないものも出てきます。それが、重要なキーワードであればあるほど確認が大切です。特に、学歴や受賞歴などには注意してください。例えば、正しくは東京電機大学卒業なのに東京大学卒業と紹介したり、銅メダル受賞を金メダル受賞とするなどです。

間違えられた本人はさほど気にしていなくても、ご両親からすればそうはいきません。結婚式は、親にとっても晴れ舞台なのです。

新郎新婦を一所懸命育ててきた親の気持ちになれば、どんな小さなことでも一つひとつが大切な事実です。だからこそ、そこを金を量るくらい慎重にすくってあげる姿勢が大切なのです。

確認すれば小学生でもわかるような部分を間違えてしまうのは、冒頭で述べた
「Your happiness is My happiness！」

の精神が欠けている証拠です。

また、事実と違う話をしたことで、その関係者にまで迷惑がかかってしまう場合もあるかもしれません。

何度も言いますが、スピーチで一番大切なのは、あがらないことではありません。

「あなたの心の在り方」です。

祝福しようという場で、逆にがっかりさせてしまわな

いためにも、事実確認は忘れずにしてください。

そしてもうひとつ、取材には、新郎新婦の意外な面を見つけるという大事な目的があります。

例えば、あなたの印象では姉御肌に見える女性でも、そういう人ほど、家では女性らしい一面を持っているかもしれません。

そこも含めて紹介することができれば、エピソードをより際立たせることができるからです。

「笑い」や「ユーモア」、「感動」をともなったスピーチには、この「意外な一面」が必ずと言っていいほど入っています。具体的にはこんな感じです。

「昨年、こんなハプニングがありました。

新郎の担当はパーカッションなのですが、もうすぐ公演が始まるというのに、彼の楽器だけが届かなかったのです。運送業者が積み込むのを忘れてしまったんですね。

このままでは、演奏ができなくなってしまう……。そこにいたメンバーの誰もがそう思いました。

すると彼は、『ポップコーンの素、買ってきて！』と、突然叫んだのです。

私が、急いで近くのコンビニに行って買ってくると、彼はそれを、そばにあった箱に入れてフタをしました。

そして、こんなふうに振り始めたんですね。

箱の中からは、シャカシャカ音が鳴っていました。

そのとき、笑いながら言った新郎の言葉は今でも忘れません。

本人は覚えているかどうかは知りませんが、こう言ったんです。

『大切なことは、今できることは何か、だよね』

どうです？　カッコイイでしょ？

どんなにピンチな状況でも決して逃げなかった彼の姿勢は、その場にいた多くの仲間を確実に引っ張っていました。

ホント、彼のおかげでことなきを得たのです。普通なら、ポップコーンの素でパーカッションを作ろうなんて思いつきません。

そんな、頼もしくて素敵な新郎ですが、実は先日、妹さんにお聞きしたところ、大の虫嫌いということがわかりました。

こんな小さな蜘蛛を見ただけで、一目散に逃げ出すそうです。

ゴメン、これ、言っちゃいけなかったかな（笑）。

ですから、新婦の信子さん、今度そんなときがあったら、

『大切なことは、今できることは何か、だよね』

と、やさしく言ってあげてください。

いつまでもお幸せに……。

本日は、誠におめでとうございます！」

このように、新郎の「頼もしい面」と「頼りない面」の両方を紹介するのです。

「ふだんは虫を見ただけで逃げ出す新郎だけど、いざというときは頼りになる男なんだな」

という印象のほうが、より「頼もしさ」が伝わってきます。

スイカに塩をふって食べると、より甘さを感じるのと同じですね。

ただし、あくまでもスピーチの基本は、ひとつのエピソードを紹介すること。塩をふりすぎてはいけません。メインはどちらかに必ず決めます。

その上で、ある共通のキーワードでつなげることができると全体が締まった感じになり、いわゆる「オチ」にすることができます。

例文で言うと、「大切なことは、今できることは何か、だよね」が、それに当たります。

お笑いの世界には「天丼」といって、同じギャグを2回も3回も繰り返して笑わせる方法があります。一説によると、1杯のどんぶりに海老が2匹のっているからこう言うそうです。つまり、あるキーワードを繰り返すだけで笑いが生まれるということです。

ただし、結婚式のスピーチで使うときは、並の「天丼」にしたほうがいいでしょう。海老が3本以上のせられた極上天丼は、決まればおいしいですが、はずせばくどくなります。お笑いコンビのタカ&トシのように「欧米か！」を連発するのではなく、2回程度さらりとした感じで使ってみてください。

このように、事実を確認し、意外な面を見つけることができれば、スピーチ内容を考えるのは難しくありません。

あなたが著名人の場合、新郎新婦とは面識もないのに招待されて、思い出に残るエピソードは「ゼロ」ということもあるでしょう。

そのようなときでも、ご両親や友人に取材をすればいいのです。必ず、何かしらのエピソードは得られるはずです。

理想は、新郎新婦の意外な一面を見つけることですが、万一出てこなければ、無理して見つける必要はありません。エピソードの大前提は事実に基づくことです。作り話だけは絶対にやめましょう。

スピーチの構成は、これでＯＫ！

取材を通して素材が集まったら、いよいよスピーチ全体を組み立てます。組み立てといっても難しくはありません。

小説を書くのと違って、結婚式のスピーチでは、ほぼ形が決まっているからです。特別な理由がなければ、次のパターンだけ押さえておけばいいでしょう。

1ブロック お祝いの挨拶

2ブロック 自己紹介

3ブロック エピソードの披露

4ブロック 2人へのメッセージ

⬇

5ブロック 結びの挨拶

初心者でも、簡単にスピーチができる5段階構成です。

オーソドックスな流れですが、無駄がなく列席者に好感を持たれます。

この順番で5つのブロックごとに内容を考えていくと、スピーチ原稿が完成します。

「何分間くらいで」と時間を指定されない限り、3分程度の内容にまとめるとよいでしょう。3分間というのは印象に残りやすく、集中して聞いてもらえる長さだからです。

厳密に言えば、スピーチの長さに決まりはありませんが、「この人の話、早く終わらないかな……」と思われないためにも、最初は3分で組み立ててみてください。原稿用紙2枚分（約８００字）が目標です。

5つのブロックごとにスピーチ原稿を書いていこう！

先ほど新郎新婦の印象を書いたキーワードメモと取材メモを用意して、実際に原稿を書き始めましょう。

5つのブロックごとに書いていくと、原稿用紙2枚分なんてあっという間です。逆に3枚、4枚とたくさん書きたくなるかもしれません。

無駄な内容はあとから削ぎ落とせるので、長さが多少オーバーしても気にせず、どんどんブロックごとに埋めていってください。

手書きでもいいですが、パソコンを持っている方は、メモ帳機能を使うと便利です。その場で、何度でも簡単に修正することができます。

1ブロック　お祝いの挨拶

「弘明さん、信子さん、ご結婚おめでとうございます」

こんなふうに、スピーチの最初は新郎新婦に向けたお祝いの挨拶からスタートします。

レストランウエディングであれば、「弘明さん、信子さん、結婚おめでとう！」と軽い感じで入ってもいいでしょう。アットホームな雰囲気が出せます。

逆に、もう少し格調高い感じにしたい場合は、続けて、ご両家の方々へも祝福の言葉を贈ります。

「弘明さん、信子さん、ご結婚おめでとうございます。
ご両親、ご両家の皆様にも心からお慶び申し上げます」

このように、場の雰囲気に合わせた挨拶ができれば理想ですが、あがり症が心配なあなたは、そこまで考える必要はありません。

ホテルでもハウスでもレストランでも、あるいはホールのような大きな場所でも、この例文のような、シンプルな挨拶を心掛けてください。

結婚式のスピーチであがってしまう人のほとんどが、最初の挨拶で慣れない言葉を長く使っているのです。

「弘明さん、信子さん、ご結婚おめでとうございます。今日はお天気もよく、太陽さえもお2人を祝福しているかのようです」

その日の天候をからめた挨拶は、決まればカッコいいでしょう。スマートな印象を与えることができますから、私もよく使います。

しかし、あなたはふだんから「今日はお天気もよく、太陽さえもお2人を祝福しているかのようです」なんてフレーズ、使っていないですよね?

こういう非日常的な言葉が、一番間違えやすいのです。ポーンと忘れたり、噛んでしまったり、どこか不自然に聞こえてしまいます。出だしから間違えてしまうと、さらにあがってしまい、その後ずっとリズムがつかめなくなることもあります。

あがり症を抑えるには最初が肝心です。冒頭のようにシンプルな挨拶でも失礼にはなりませんので、できるだけ簡単な入り方にしてください。

◉その他の例として

「本日はお招きいただきありがとうございます。弘明さん、信子さん、結婚おめでとう！」

「弘明さん、信子さん、本日は誠におめでとうございます」

「弘明さん、信子さん、ご両家の皆様、本日はおめでとうございます」

2ブロック 自己紹介

「私は、新郎と同じアイヌ楽団に所属する、石崎大と言います」

お祝いの挨拶のあとは、自己紹介をします。

よく「ただいま、司会の方からご紹介いただきました○○です」と言う方がいますが、この部分は必要ありません。あがり症が心配な方は、できるだけ短くが基本です。なくても意味が通り、失礼にならない言葉はどんどんカットしてください。

ただし、新郎新婦とあなたとの関係だけは、例文のように具体的に紹介することをおすすめします。列席者の頭の中で、あなたと新郎新婦の関係が最初にイメージできると、その後のエピソードが伝わりやすくなるからです。

「新郎とは半ズボンをはいていたころからの付き合いです」

「私は、綾さんと同じ部署で働いている2年先輩の田中真紀子と申します」

「3年間、同じ高校のクラスメートで、部活もずっと一緒だった山岸千恵子です」

そして、「こんな間柄だからこそ、こんなエピソードを紹介します」という流れに持っていきます。

自己紹介は、単なる自己紹介ではありません。次に続くエピソードへの「前フリ」ととらえることが大切です。

◉その他の例として

「大学時代、立花ゼミで4年間一緒に過ごした佐藤達也と申します」
「信子先輩には高校のテニス部でお世話になりました。2年後輩の田村ひろみと申します」
「私は、新郎のいとこの三田村英明と言います。夏休みになると、今でもお互いの家に泊まりあう仲です」

3ブロック エピソードの披露

「昨年、こんなハプニングがありました。それは……」

スピーチのメインとなる部分です。ここで、あなたが選んだエピソードを披露します。

最初の挨拶から自己紹介までは、ある程度形が決まっているため、すんなりと進めたはずです。しかしこのブロックは、完全なあなたのオリジナルになります。自由度が高い分、なかなかペンが進まないかもしれません。

そんなときこそ、この章の冒頭で伝えたことを思い出してください。

「Your happiness is My happiness！」

相手の幸せを自分のこととして心から喜べれば、迷いながらも楽しく書けるはずです。

この「Ｂｅ」の部分ができた上で、次にお伝えする「Ｄｏ」の部分、テクニックを試していただければ、さらに書きやすくなります。

◆話し言葉で書く

原稿を書くのが苦手な人は、最初から完璧にしようとしています。

エピソードの展開だけでなく、「てにをは」や「です」「ます」などの調子まで気になっていては一向に進みません。

そこでおすすめしたいのが、誰かに話すように書いていくことです。

エピソードを探すときに書いたキーワードメモと取材メモを見ながら、頭に浮かんできたことを、そのままふだんあなたが使っている「話し言葉」で書いていくのです。

例えば、こんな感じです。

「去年ね、初の地方公演で、こんなハプニングがあったんだよ。新郎はパーカッションを担当しているんだけど、あと30分で公演が始まるというのに、その彼の楽器だけ届かなかったんだ。

運送業者が積むのを忘れちゃったんだよね。まずい！　このままでは、演奏ができなくなっちゃう……。そこにいたメンバーの誰もがそう思ってた。すると突然、新郎が『ポップコーンの素、買ってきて！』と叫んだんだよ」

敬語やおめでたい席でタブーとされる忌み言葉などは最後にチェックするので、今は気にしないでください。とにかく自由にペンを滑らせます。

それでも書けないという場合には、キーワードメモを見ながら実際に話してみます。それをテープに録音し、あとから文字に書き起こせば簡単にでき上がります。

◆あなたが感じたことと事実を見直す

「私って、なんで小学生が書くような文章しか書けないのか……」

でき上がった原稿を見て、こう思えたら大成功です。

とにかく頭に浮かんだことを即興詩人のように書いてもらったので、文法も語尾も表現もメチャクチャで当たり前だからです。それでも、一番伝えたい重要なキーワードは入っていますよね。

大切なことは、どんなエピソードであっても、新郎新婦の人柄や魅力、仕事ぶりなどが伝わるようにすること。そこさえ押さえておけば、無理に面白おかしくする必要もなければ、感動させようと意気込む必要もありません。

あなたが感じたことと、事実を表わす5W1H（いつ、どこで、誰が、何を、なぜ、どのように）をできる限り入れて、そのときの情景が浮かぶように原稿を見直してみましょう。


「私たちの楽団は昨年の夏に、初めての地方公演を沖縄でやったんですけれども、そのときに、こんなハプニングがありました。

新郎の担当はパーカッションなのですが、あと30分で公演が始まるというのに、ヒロの楽器だけ届かなかったんです。

運送業者が積むのを忘れてしまったんですね。

このままでは、演奏ができなくなってしまう……。

そこにいたメンバーの全13名、誰もがそう思いました。

すると突然、ヒロが『ポップコーンの素、買ってきて！』と、叫んだのです。

すでに開始まであと20分。私が急いで近くのコンビニに行って買ってくると、ヒロはそれを、そばにあった抽選箱に入れてフタをしました。そして、それを振り始めたんですね。

箱の中からは、シャカシャカ音が鳴っていました。

そのときに笑いながら言ったヒロの言葉、今でも忘れません。

本人は覚えているかどうかは知りませんが、こう言ったんです。

『大切なことは、今できることは何か、だよね』

どうです？　カッコイイでしょ？　一瞬、目がハートマークになりましたもの！

今は、そんな気はありませんから、信子さん、ご安心ください」

このように数字を入れて事実を明確にしたり、自分が感じたことを加えたりしながら、少しずつ修正していくのです。

この準備をしておくと、同じエピソードを先に紹介されてしまっても、あわてて変更する必要がなくなります。あなたが感じたことはあなただけのものなので、オリジナリティが保たれるからです。

もし、エピソードがかぶってしまったら、

『先ほどのスピーチでも披露されていましたが、ヒロを語るにはやはり、沖縄のハプニングは外せません。あの時、私が感じたのは……』というふうに続けます。

あがり症が心配な方は、絶対に本番で内容を変えないようにしてください。

4ブロック　2人へのメッセージ

「そんな新郎なので、これからは信子さんと一緒に、明るいリズム、にぎやかな音色をいつまでも奏でていってください」

エピソードで紹介した「人柄」や「魅力」を2人の未来に活かしてほしい、そんな気持ちを言葉に表わします。

人生経験の豊富な方は、ここで自分なりのアドバイスを入れてもかまいません。名言や格言に置き換えて披露したい方もいるでしょう。その場合は、あまり説教臭くならないように気をつけてください。

ほかにも、P65でご紹介したように、2人へのメッセージをオチにしてしまうのもおすすめです。

「ですから、新婦の信子さん、今度そんなときがあったら『大切なことは、今できることは何か、だよね』と、やさしく言ってあげてください」

◉その他の例として

「そんな信子さんは、結婚後も仕事を続けられるそうです。私も共働きを始めてもう10年になりますので、ひとつだけアドバイスしますすね。仕事と家庭を両立するコツは、一緒に朝ご飯を食べることとです」

「これからは、家庭という新しいグラウンドに立つわけですが、同じように2人でパス交換をしながら、ゴールをたくさん決めていってください」

「右の靴は左の足には合わない。でも、両方ないと一足とは言われない。小説家の山本有三さんの言葉です。靴にたとえられていますが、夫婦も同じではないでしょうか」

5ブロック 結びの挨拶

「本日は、ご結婚、本当におめでとうございます」

スピーチ全体を締める大切な部分です。

大きな拍手がもらえるかどうかの境目ですが、言い回し自体は難しくありません。

一番簡単な挨拶は、最初の挨拶をそのまま繰り返すことです。

1ブロックの例文で言うなら、「信子さん、弘明さん、ご結婚おめでとうございます」で締めます。

講演やセミナーでもよく使われている方法なので、締めの言葉が思いつかないときは、覚えておくと便利です。

他にも、「本日はお招きいただき、ありがとうございました」というように、招待されたことへの感謝の気持ちを表す挨拶で締めてもいいでしょう。

いずれにせよ、あがり症が心配な方は、できるだけシンプルな結びにしてください。

◉その他の例として

「どうか、いつまでもお幸せに！　本日はおめでとうございます」

「コングラチュレーションズ！　お招きいただきありがとうございます」

「お2人の幸せと健康を、心よりお祈りしています」

五つのブロックを合体！

ここまでできたら、各ブロックをつなぎあわせます。

つなぎ目で文章がうまく流れない場合は、前後の調子を適宜変えてください。

「弘明さん、信子さん、ご結婚おめでとうございます。

私は、新郎と同じアイヌ楽団に所属する石崎大と言います。

ここからは、いつも通り、新郎のことをヒロと呼ばせてください。

私たちの楽団は昨年の夏に、初めての地方公演を沖縄でやりました。おかげさまで大盛況だったんですけれども、実は、そのウラで、こんなハプニングがあったんです。

新郎の担当はパーカッションなのですが、あと30分で公演が始まるというのに、なんと、ヒロの楽器だけ届かなかったんです。

運送業者が積むのを忘れてしまったんですね。

このままでは、演奏ができなくなってしまう……。

そこにいたメンバーの全13名、誰もがそう思いました。

すると突然、ヒロが『ポップコーンの素、買ってきて！』と、叫んだのです。

すでに開始まであと20分。私が急いで近くのコンビニに行って買ってくると、ヒロはそれを、そばにあった抽選箱に入れてフタをしました。

そして、こう、振り始めたんですね。

箱の中からは、シャカシャカ音が鳴っていました。

そのときに笑いながら言ったヒロの言葉、今でも忘れません。

本人は覚えているかどうかは知りませんが、こう言ったんです。

『大切なことは、今できることは何か、だよね』

どうです？　カッコイイでしょ？　一瞬、目がハートマークになりましたもの！

今は、そんな気はありませんから、信子さん、ご安心ください。

どんなにピンチな状況でも決して逃げなかった新郎の姿は、その場にいた多くの仲間を確実に引っ張っていました。

ホント、ヒロのおかげで、逆に大ウケで、大きな拍手をもらいながら幕を閉じたのです。

普通なら、ポップコーンの素でパーカッションを作ろう、なんて誰も思いつきません。

そんな頼もしい、素敵な新郎なんですが、実は、先日、妹さんにお聞きしたところ、大の虫嫌いということがわかりました。

こんな小さな蜘蛛を見ただけで一目散に逃げ出すそうです。

ゴメン、これ、言っちゃいけなかったかな（笑）。

ですから、新婦の信子さん、今度そんなときがあったら、

『大切なことは、今できることは何か、だよね』

と、やさしく言ってあげてください。

いつまでもお幸せに……。本日は、誠におめでとうございます！」

最後にスピーチ原稿のここをチェック！

合体して文章がうまく流れるようになったら、完成まであと少しです。

最後の仕上げとして、結婚式のスピーチでは外せない、重要なマナーが守られているかどうかを確認していきます。

ポイントは次の５つです。

❶ 敬語の使い方

公の場でスピーチをするときは、その場にふさわしい敬語を使うことが求められます。

しかし、それがかえって、あがり症を引き起こす原因にもなっています。

ふだんから使い慣れていないと、なかなか正しい敬語は出てきません。

そこで、あがり症が心配な方は、無理して敬語を使わないことをおすすめします。スピーチで一番大切なのは「あなたの心の在り方」です。その「Ｂｅ」の部分さえできていれば、どんな言葉でも心に響くからです。

むしろ、逆にていねいすぎないかをチェックしてください。具体的には、

①何でも頭に「ご」や「お」をつけていないか
②語尾が「ございます」だらけになっていないか
③「いらっしゃられた」のように敬語が重なっていないか

などを見ていきます。

「このたびはご結婚おめでとうございます。ご両家の皆様、ご親族の皆様にも、心よりお祝い申し上げます。ご新郎様のりりしい姿を拝見し、私も大変うれしく、胸が一杯でございます。ご新婦様もとてもお美しく、お父様とお見えになられたときには……」

これでは、私でも舌を噛んでしまいます。

先ほどの3つのポイントに注意しながら、あなたが日常的に使っているていねいな言葉に直しましょう。

「本日は、ご結婚おめでとうございます。ご両家の皆様にも、心よりお祝い申し上げます。新郎のりりしい姿が目に映った瞬間、私は胸が一杯になりました。新婦の信子さんも、とても美しく、お父様とお見えになったときには……」

どうです？　こちらのほうが、スピーチしやすいですよね。

ここでは3つのポイント以外にも、別な言い回しにすることで、よりスムーズに話せるテクニックも使っています。

「拝見」を「目に映る」という言葉に置き換えたのですが、他にもいろいろな表現があるでしょう。類語辞典などを参考に直してみてください。

あなたが自然に感じられた言葉こそ、そのスピーチにはぴったりなのです。

参考 尊敬語と謙譲語

	尊敬語	謙譲語
言う	おっしゃる・言われる	申す・申し上げる
見る	ご覧になる	拝見する
聞く	お聞きになる	伺う・承る・拝聴する
行く	いらっしゃる・行かれる	参る・伺う
来る	おいでになる・いらっしゃる	参る
会う	お会いになる	お目にかかる
思う	お考えになる・思われる	存じる
知る	ご存じ・ご承知	存じる
する	なさる・される	いたす・させていただく
食べる	あがる・召し上がる	いただく・頂戴する

尊敬語は相手を敬う言葉、謙譲語は自分がへりくだって使う言葉です。
「私がおっしゃったのは」のように、自分のことを尊敬語で話す間違いはほとんど

見かけませんが、身内に対して尊敬語を使ってしまう例は多くあります。例えば、あなたの会社の先輩の話をする場合、「田中先輩がこうおっしゃったんです」は×。

正しくは「田中先輩がこう話すんです」になります。

先輩というと目上なので、つい尊敬語を使ってしまいがちですが、出席している立場を考えれば身内になります。

敬語を使うときには、この点だけでも注意してみてください。

❷ 忌み言葉、重ね言葉に配慮する

放送業界には放送禁止用語というものがあります。特定の人を侮蔑したり差別する意味が含まれている言葉は使わないようにしようという取り決めです。

同じように、結婚式のスピーチでも使ってはいけない言葉があります。「忌み言葉」「重ね言葉」と呼ばれるもので、「別れる」「離れる」「最後」「次々」「ますます」など、離婚や再婚、死を連想させてしまう言葉がそうです。

しかしそのほとんどが日常的に使われている言葉なので、つい口から出てしまうかもしれません。

原稿の段階でチェックして別の言葉に置き換えても、

「最後になりますが、お2人、そしてご両家の『ますます』のご繁栄を心よりお祈りいたします」

というスピーチをしてしまうことが多いのです。

でも、ご安心ください。厳密には、放送禁止用語ほど厳しくはなく、あくまでも使わないほうが好ましいという理解で十分です。

と言うのも、昔ほど、こうした言葉に目くじらを立てる人が少なくなってきたからです。

レストランウエディングやハウスウエディングに代表されるように、ご両家を結ぶ結婚式というよりも、2人のための結婚式というスタイルに変化してきたことが大きく影響しています。地域によっても「忌み言葉」や「重ね言葉」を気にするところと気にしないところがあり、私の住む北海道では割と寛大です。出席者が100人や200人は当たり前という大勢で祝う会費制が主流ですので、ワイワイがやがや、アットホームな雰囲気のまま進行されるためでしょう。結婚式や披露宴というよりも、ひとつのイベントのような印象を受けるときもあります。

それでも中には、伝統や縁起を重んじる方もいらっしゃいます。

特に年配の方ほど気にするため、「忌み言葉」「重ね言葉」に配慮する気持ちだけは忘れないでください。

あなたがお祝いの席にふさわしくないと感じた言葉は使わず、最低限のマナーを守ればよいだけです。

参考までに、「忌み言葉」「重ね言葉」の例を載せておきます。

別の言葉に置き換えても意味が通じるものは、原稿を修正してみてください。

参考　結婚式のスピーチで避けたほうがよい、忌み言葉

別れる・去る・帰る・戻る・消える・欠ける・切れる・崩れる・倒れる・壊れる・離れる・苦しむ・枯れる・散る・終わる・死ぬ・滅びる・恨む・衰える・病む・悲しむ・傷つく・殺す・亡くなる・最後

参考　結婚式のスピーチで避けたほうがよい、重ね言葉

くれぐれ・次々・たびたび・またまた・ますます・重ねて・重ね重ね・もう一度・二度三度・再び・再三・再会・繰り返し・返す返す・わざわざ

参考　忌み言葉・重ね言葉の置き換え例

宴会が終わったあとに……　↓　宴会がお開きになったあとに
舞台が終わったあとに……　↓　舞台がはねたあとに
楽器が壊れてしまい……　↓　楽器が鳴らなくなってしまい
会社に戻ると……　↓　会社に向かって着くと
お父様がお亡くなりに……　↓　お父様が他界され
最後にこの言葉を……　↓　結びにこの言葉を
ますますのご繁栄を……　↓　今よりもっとお幸せに
同窓会で再会したので……　↓　同窓会で久しぶりに会ったので

❸ 自慢話や宣伝には要注意

新郎新婦と同じ会社に勤めているのであれば、勤務先がどんな会社なのかを紹介するのは当然ですが、ついやりすぎて、会社の自慢話になっているスピーチをよく聞きます。

「わが社は、先月もＡＢＣ社から1億円の受注を取り、株価も２０００円を超えました……」

ここまで話してしまうと、列席者の印象をかえって悪くします。

結婚式のスピーチは、会社説明会やＩＲの場ではありません。目的と主役を間違えた原稿になっていないか見直しましょう。

同じように、自分の宣伝をしてしまうスピーチにも注意が必要です。例えば、スピーチの最後に、

「ちなみに私は恋人募集中です！　立候補してくださる方は2次会で声をかけてく

ださい！」

この程度であれば、冗談っぽくて好感を持たれますが、

「ちなみに私は海外勤務が長かったので、今は英語教室を運営しています。毎週火曜と木曜に永山プラザの２階で教えています。今月いっぱいは入会費無料となっていますので……」

なんて、間違っても言ってはいけません。

あなたはここで笑ってしまったかもしれませんが、実際にそういう人がいるのです。聞いているほうは一気に冷めます。

スピーチであがることは決して恥ずかしいことではありませんが、自慢話と宣伝は恥ずべき行為です。マナー違反になりますので、原稿に該当する箇所があれば修正してください。

ただし、先ほどの会社自慢の例でも、もし1億円の受注が新郎新婦の貢献によるものなら、エピソードの前フリとしては最高でしょう。

また、あなたが著名人として招かれたのなら、自分の仕事ぶりについて語ることもサービスのひとつです。

どんなときも例外はありますので、ケースバイケースで判断してください。

❹ 政治・宗教の話はタブー

特定の政治団体や宗教の話も、結婚式のスピーチでは避けてください。列席者が少しでも「普及活動に利用されている」と感じてしまったら、その結婚式は台無しです。

政治や宗教の話題は、人の価値観や信念にまで強く影響を及ぼします。だからこそ、細心の注意が必要なのです。

自慢話以上に、アンテナが立つデリケートな話題です。原稿の中で触れていたら、必ず削除してください。

ただし、同じ宗教、政治団体に属する2人が式を挙げ、なおかつ列席者全員がその団体に所属しているのであれば、この限りではありません。話題に触れないほうが逆に不自然でしょう。

また、キリスト教徒が教会で式を挙げるように、宗教によっては、独自の結婚式のスタイルがあります。その内容や手順などを、スピーチの中で自然に紹介する分には問題はありません。

❺褒め言葉は積極的に！

新郎新婦と親しい関係であればあるほど、面と向かって褒めたことなどないかもしれません。「信子さんは容姿端麗、頭脳明晰で……」なんて、照れくさくて冗談でも言えないよ、という人もいるでしょう。

しかし、結婚式はおめでたい席です。主役である新郎新婦を少しでも気持ちよくさせてあげられなければ、スピーチをする意味がありません。ご祝儀の気持ちも含め、積極的に褒め言葉を使うのが鉄則です。

「忌み言葉」「重ね言葉」と同じように、欠点でも褒め言葉に置き換えられるものがあれば、原稿を修正します。

物事には何でも二面性があります。左から見ればネガティブなことでも、右から見ればポジティブに映る。要は、とらえ方しだいなのです。

わがままな人だったら、「自分の意見をしっかりと持っている人」と褒めたり、優柔不断であれば、「物事をとことん真剣に考える人」と褒めます。

言われたほうは、「今日は3割増しにしてくれている」、「それじゃあ、褒め殺しでしょう」と感じても、やはりうれしいものです。「私のことを、そんなふうに思ってくれていたんだ……」となれば、さらに信頼関係は深まるでしょう。

上手に褒めて、まわりをHappyな気分にさせてください。

参考 新郎を褒める言葉の例

包容力のある、器の大きい男
ウソをつかない誠実な人
明るく、バイタリティーのある人
コツコツと確実に階段を上っていく努力派
人の心の痛みがわかる人
チャレンジ精神旺盛な人

人を惹きつけるオーラのある人
わが社の敏腕営業マン
ユーモアセンスと真面目さを兼ね備えた人
自分という軸をきちんと持っている人
力量、人格ともに優れたリーダー
皆のあこがれの人

参考 **新婦を褒める言葉の例**

気さくで面倒見がいい姉御肌
誰からも好かれるチャーミングな女性
ハートウォーミングな心の持ち主
清楚でおしとやかな生粋の大和なでしこ
笑顔が素敵なキュートな女性
いつも頼りになるスーパーウーマン

負けず嫌いの頑張り屋さん
マザーテレサのように心の広い人
キラリと光るセンスの持ち主
細やかな心遣いのできる人
控えめだけれど気品のある人
聡明な女性

ざっと5つの見直しポイントを説明してきましたが、他にも、

- 過去の異性関係の話題になっていないか
- 身体や心に関するコンプレックスを話題にしていないか
- 下ネタになっていないか

など、避けたほうがよい話題はたくさんあります。

しかし、あえて、ここですべてを取り上げないのは、結婚式のスピーチをする「心の在り方」さえできていれば、自然とそのようなスピーチにはならないからです。

「Your happiness is My happiness！」

何度も言いますが、すべてはこれです。
相手の幸せを心から自分のこととして喜べるようになったとき、原稿に手直しをする箇所はなくなっているでしょう。

お疲れ様でした。
あなたにしか伝えられない最高のスピーチ原稿が、ついに完成しましたね！
次章からは、いよいよ実際に声を出して練習していきましょう。

Part3

このスピーチ練習で、当日が待ち遠しくなる！

まずは原稿を読んでみる！

テレビやラジオでニュースを伝えるアナウンサーは、プロだからと言って、何の準備もなしにパッとこなしているわけではありません。必ず、事前に読み合わせをしています。


「読み方がわからない漢字はないか？」

「読みにくいところはないか？」

「自分の言葉にリライトしてもよい部分はあるか？」

「どこが、一番大切か？」

「話す速度はこれでいいか？」

など、常に声に出しながらチェックしています。

この心構えや準備は、結婚式のスピーチでもまったく

同じです。

より多くの人にわかりやすく伝え、本番でのあがり症を防ぐためにも書いた原稿を自分に馴染ませることが大切だからです。

まずは、実際に声に出して読んでみてください。

すると、今まで気が付かなかったポイントまで見えてきます。

私がギターを覚え始めたころ、こんなことがありました。

3ヵ月間の猛特訓で、ようやく1曲弾けるようになったのですが、メンバーとスタジオに入って合わせてみると……。

アレ？　指は届かないし、コードも押さえられない。

自分でもびっくりするくらいまったく弾けない。

お恥ずかしい話ですが、実は、立ったままでは演奏できなかったのです。家での練習が椅子に腰掛けたままだったため、手首の角度や弦の見え方などが今までと違っていたのです。

本番の演奏スタイルで練習していれば、こんなことにはならなかったでしょう。

結婚式のスピーチでも、

「この言葉、意外とスムーズに出てこないなぁ」
「語尾は呼びかける感じにしよう」
「ここは間をとったほうがいいな」

など、本番と同じようにやってみて、初めて気が付くことがあります。

ハプニングを未然に防ぎ、スピーチであがらないためにも、できるだけ実際の場面に近いかたちで練習してください。

その第一歩が、声に出して読んでみることです。

決して、暗記してはいけない！

さて、ここで大事な注意点があります。

原稿を読む練習は必ず必要ですが、その文章を、一字一句暗記してはいけません。とても大切なポイントなので、もう一度言います。

絶対に、一字一句丸暗記しないでください。

原稿用紙2枚分くらいなら、覚えようと思えば覚えられるでしょう。しかし、そうしたとたん、大きなワナに陥ってしまうからです。

あなたにも一度や二度は経験がありますよね。

すべて完璧。全部覚えた。でも、いざ本番でしゃべってみたら、途中からスコ～ンと言葉が出てこない。その瞬間、頭の中は真っ白。

「え～と」「え～と」を繰り返してみても状況は一向に変わらず。

ゲストの冷たい視線、同情の視線が一気にあなたに向けられ、ますますあがってしまう。まさに、〝あがり症〟いう名のブラックホールへ一直線。

もう、こうなってしまったら脱出不可能です。

実は、暗記してしまうと、それを忠実に再現しよう、間違えないようにしようという部分にだけ意識が向いてしまい、大切なハートの部分「Your happiness is My happiness !」が抜け落ちてしまうのです。

そのため、「なぜ、このエピソードを話しているのか」という、本来わかっていて当然の部分を、自分自身でわからないままスピーチしてしまう。

要するに、スピーチの基本がなっていないわけです。

わかっていれば、伝えたい内容を忘れるはずがありません。原稿とは違った表現で、いくらでも話せるでしょう。

こう言うと、「私は、アドリブでなんてスピーチできません」と尻込みする人がいますが、これはアドリブでも何でもありません。

とっさにお題を出されたのではなく、前もって伝えたいメッセージを決めていたはずです。それなのに忘れてしまうのは、丸暗記しようとするからなのです。

あなたのハートや意識は、相手の真正面に向けること。足を踏み外さないように下を向いたサーカスの綱渡りこそ、失敗の元なのです。

自然に話せるようになるための3つのポイント

実際に声に出して読んでみたら、つっかえてばかり。なかなか、思うようにスピーチできなかった方がほとんどではないでしょうか。

アナウンサーのように流暢に読む必要はまったくありませんが、あなたらしく、自然に話せるようになることが大切です。

原稿を読まされているのではなく、自分の言葉として自然に出てくるように、次のポイントを見直してみてください。

①話すテンポが速すぎないか？
②言い慣れない言葉、書き言葉を使っていないか？
③気持ちが入っているか？

話すテンポが速すぎないか？

誰でも話しづらい部分にさしかかると、無意識のうちに、その箇所を飛ばそうとします。

結果、いつもより早口になり、つっかえてしまうのです。

例として、次の原稿を声に出して読んでみてください。

「弘明さん、信子さん、ご結婚おめでとうございます。

私は、新郎と同じアイヌ楽団に所属する、石崎大と言います。

ここからは、いつも通り、新郎のことをヒロと呼ばせてください」

どうでしょう？　意外と「ご結婚おめでとうございます」が「ごけっこうおめでとうございます」に、「ここからは」が「こっからは」となっていませんか？

それぞれ「ん」と「こ」が言いづらいために飛んでしまっているんですね。

こういう、ささいな部分がつっかえる原因となります。

そんなときはまず、話すテンポを落としてみてください。

ゆっくり話すだけでも、言えるようになることが多いからです。しかも、ふだんよりテンポを落としたほうが、本番のスピーチでは聞きやすくなるという利点もあります。

会場が広ければ広いほど、マイクの音が響けば響くほど効果が高くなるため、覚えておいて損はないでしょう。

言い慣れない言葉、書き言葉を使っていないか？

次に、言い慣れない言葉があれば、ふだんあなたが使っている言葉に置き換えます。例えば、「所属する」はサ行だらけなので、舌を噛んでしまう方もいるでしょう。

そこで、

「私は、新郎と同じアイヌ楽団で活動中！　石崎大と言います」
「私は、新郎と同じアイヌ楽団にいる、石崎大と言います」
「私は、新郎と同じアイヌ楽団の団員、石崎大と言います」

など、言いやすく、日常的に使っている表現に置き換えるのです。ていねいな言葉を使うのがベストであっても、それが言いにくい表現であれば無理して使う必要はありません。

文字で見ればカジュアルな表現であっても、「気持ち」を乗せることで、いくらでも好印象を与えることができるからです。

同じように、「書き言葉」を使っていないかもチェックしてください。「ご結婚おめでとうございます」と声に出したときに、スムーズに話せても何となく違和感がある場合。それは、あなたにとっての「書き言葉」である可能性が高いのです。

書き言葉とは文字通り、文章を書くときに使っている言葉のことです。そのような言葉は、何度も声に出しているうちに自然と馴染んでくるのですが、ここでは、今すぐあなたの話し言葉に変えてしまうことをおすすめします。

「部長の娘さんが結婚したんだって！」

「へぇ～結婚したの？」

ふだん、こんな感じで会話をしているのなら、

「弘明さん、信子さん、結婚おめでとうございます」

のほうが自然ですよね？

「ご結婚」から「ご」をとってしまいましょう。

スピーチする立場によっては使えませんが、「ご結婚おめでとうございます」よりも、「結婚おめでとう！」としたほうが、より話し言葉に近くなる方もいるはずです。

「こういう場面ではこういう言葉を使わなければならない」という固定概念は一切捨てて、しっくりくるまでいろいろと試してみてください。

気持ちが入っているか？

最後は、やはり「ハート」の部分です。

気持ちが入っていないと、どんなに素晴らしい原稿であっても不自然に聞こえてしまいます。まるで、誰かに読まされているようで、自分の言葉として出てきません。

これを、抑揚やチェンジオブペース（調子の変化）など、アナウンサーが使うテクニックでカバーする方法もありますが、感情さえ入っていれば心からの言葉に聞こえるものなのです。

大事なのは、ＤｏよりＢｅ！

あなたが今、どんな気持ちでスピーチの練習に取り組んでいるのか、どんな想いを乗せて声を出しているかが大切です。

新郎新婦の喜ぶ笑顔を想像しながら、もう一度、あなた自身が作ったスピーチ原稿を声に出して読んでみましょう。

エピソードの部分だけ誰かに話してみる

ここまでできるようになったら、いったん原稿は伏せてください。代わりに、エピソード探しをし、スピーチ原稿の元となったキーワードメモを用意してください。

「え？」と思われたかもしれませんが、決して先ほどの練習はムダにはならないのでご安心を。むしろ、気持ちを込めて、あなたらしく最初から最後まで読み上げたからこそ、暗記する必要がなくなったのです。

だまされたと思って、次の練習を続けてください。

キーワードメモを見ながら、エピソードの部分（原稿でいう3ブロック）だけを話す練習をします。

先ほどの原稿内容を思い出しながら話してもいいし、目に飛び込んでくるキーワードから、自然に想起された話でも結構です。

ただしこのとき、必ず誰かを相手にしてください。ご両親でも兄弟でもいいし、友人、知人、どなたでもOKです。原稿を読む練習は1人でしたが、この練習では、話す相手を1人以上見つけて、本番と同じようにエピソードを紹介します。

「もう、3年前になりますね。新郎と過ごした北海道支店時代に、こんなことがあったんです！　朝一番に電話が鳴って……」

このように、目の前の人に向かってどんどん話してみましょう。

最初はスラスラ出てこなくてもかまいません。

初めて、原稿を見ないでスピーチしているのだから当たり前です。

何度かチャレンジしていくうちに、自然にキーワードメモだけでエピソードが紹介できるようになります。

さらに相手に、あなたが話している間は、首を縦にふって相槌を打つようにお願いしてください。本番では、そこが「間」になります。その感覚をよく身体に染み込ませておくと、スピーチがグッと伝わるようになります。

練習相手がいないときは、この方法で！

どうしても話す練習相手が見つからない場合は、自分の声を録音します。携帯、スマホの録音機能やＩＣレコーダーを使って、自分でチェックしてください。

できれば後日、誰かに聴いてもらって感想を聞くとよいでしょう。

この方法は１人でできるという以外にも、自分の声が客観的に聞けるというメリットがあります。

おそらく、ほとんどの人が録音した自分の声を聞いた瞬間、「なんだ、この声は……」と幻滅するはずです。なぜなら、いつも自分が聞いている声とは程遠い声だからです。実はその声こそ、相手が実際に聞いているあなたの声なのです。

このとき、チェックすべきことは声の印象です。暗い声より明るい声のほうがいいのは言うまでもありません。

また、語尾がしっかり着地できているかどうかも大切です。「それがぁ～」や、「～ですぅ～」のように語尾が長いと、だらしなく締まりのない印象を与えてしまうからです。

私が勉強した東京アナウンスアカデミーでは、語尾を短く、まるでスタッカートのように話す練習を繰り返しさせられました。仮に私が、あなたの話し方を1日で劇的に変えるように指導するとしたら、間違いなく「語尾」を短くすることに時間を割きます。それほど重要なポイントなのです。

内容がよくても、語尾ひとつで印象が変わってしまいます。練習相手がいる場合でも、一度自分の声を録音して聞いてみてください。

これぞ、究極のあがらない方法！

ここでぜひ、試してほしい「あがらないコツ」があります。

それは、「何が何でもこれを伝えるんだ」という強い気持ちを持つことです。

なぜなら誰でも、何かをがむしゃらに訴えているときや、熱く語っているときはあがらないからです。

例えば、自分は何もしていないのに万引犯に間違えられたら、一所懸命、真実を話しますよね。そのとき、あなたはあがっていますか？　無我夢中で、何とかわかってもらおうと必死で無実を訴えるはずです。あがったらどうしようなど、これっぽっちも頭にないでしょう。

これこそ、あがらずに人前で話をする極意なのです。

私の電話カウンセリングでは、必ずこのアドバイスをします。

訴えようという気持ちがあれば、あがらない

だけでなく、「次は何を話すんだっけ？」というようなこともありません。

もちろん、訴えるものがなければ、この方法は使えませんが、「Your happiness is My happiness !」を願っているあなたなら、そんな心配は要らないはずです。

目の前の人に、できるだけ訴えるように話しかけてみてください。

具体的には、「こんなことがありました」ではなく、「こんなことがあったんです！」という感じで気持ちを乗せていきます。

不思議なくらい話せるようになる写真と音楽

メモだけでは、何度挑戦してもうまく話せないという方は、一度だけ原稿を見直してください。一度だけですよ。

その後、エピソードに関連した写真を用意します。新郎新婦の写真でも結構です。

会社の仲間であれば、職場の写真でもいいでしょう。学生時代の話であれば、そのころのスナップ写真がいいかもしれません。とにかく、エピソードに関連した写真をキーワードメモの真ん中に貼って、（デジカメであればプリントアウトして）もう一度話してみてください。

これまでとは打って変わって、不思議なほどスラスラと話せるようになるはずです。しかも、まるでその場にいるかのように、「リアルな言葉」として出てきやすくなります。

そのころの状況がビジュアルに目に飛び込んでくるため、より鮮明に思い出されるからです。

人によっては、写真ではなく、当時の音楽を聞いたほうが記憶があふれ出てくる場合もあります。私も大学時代の話なら、プリンセス・プリンセスの曲を聞いただけで次から次へと出てきます。

このように、エピソードを想起させるような写真や音楽をひとつ加えてみてください。この方法は自然に話しやすくなるので、今でも私は実際に使っています。

構成だけはしっかり頭に入れる

原稿を見ないでエピソード部分が話せるようになったら、もう99％できたも同然です。あとは全体構成を覚えて、最初から通して練習するのみです。

構成だけは、どうしても頭に入れる必要がありますが、それでも、五つのブロックと順番を覚えるだけですから簡単です。

①お祝いの挨拶

②自己紹介

③エピソードの披露
④２人へのメッセージ
⑤結びの挨拶

前章で、実際にこの順番通りに原稿を書いたので、すでに頭に入っているかもしれませんが、もう一度しっかり覚えましょう。

まず、素直にお祝いの気持ちを言葉に表わして自己紹介をします。

続いて、エピソードの披露。はなむけの言葉を２人に贈ったら、もう一度、お祝いの言葉で結びます。

ちょうどサンドイッチのように、大事なエピソード部分を真ん中に挟んでください。

結びの挨拶は、最初の挨拶とまったく同じでもかまいません。

新郎新婦の名前を呼び、元気よく「結婚おめでとうございます」と言うところから練習をしてみましょう。もちろん、このときも原稿は見ないようにします。

今、誰に向けて話しているのか？

エピソード部分を話す練習では、目の前の相手に伝えることだけを意識しました。でも、通し練習では違います。

「今は、誰に向けて話しているのか？」

これを考えないで練習すると、本番であがってしまう可能性があるからです。例を挙げましょう。

「弘明さん、信子さん、ご結婚おめでとうございます。

私は、新郎と同じアイヌ楽団に所属する、石崎大と言います」

この場合、「弘明さん、信子さん、ご結婚おめでとうございます」は新郎新婦に向けてのメッセージとなりますが、「私は、新郎と同じアイヌ楽団に所属する、石崎大と言います」は、ゲストに向けての言葉となります。

つまり、スピーチの途中途中で、話す対象が変わってくるのです。

この部分が整理できないまま本番に臨んでしまうと、あがる原因になります。視線や身体があっちこっちに動いてしまい、話す内容に集中できません。ほとんどの人が、スピーチの最中にこのことに気がついて身体の向きを変えるため、オドオドした印象まで与えてしまいます。

スピーチ内容にもよりますが、最初はブロックごとに身体の向きを変えてみましょう。

①お祝いの挨拶 → 新郎新婦へ
②自己紹介 → ゲストへ

③エピソードの紹介↓ゲストへ
④２人へのメッセージ↓新郎新婦へ
⑤結びの挨拶↓ゲスト、または新郎新婦へ

ゲストはあなたの真正面に、新郎新婦は左右どちらかにいると仮定して、次のブロックに入る前に向きを変えてください。

実際には、ぴったり90度回転するのではなく、少し身体をねじるような感じでＯＫです。マイクと口があまり離れない程度（握りこぶし２つ分以内）の距離を保ったまま、顔も身体と同じ方向へ向けます。

この動作がきっかけで、自然に「間」もとれるようになります。

こうすることで、落ち着いて堂々とスピーチしているように見えますから、忘れずに意識してやってみてください。

スピーチの間、手はどこに置いたらいいのか？

本番さながらの通し練習をしていると、これまで気がつかなかったさまざまな疑問が出てきます。

例えば、手の置き場所。意外と皆さん、困っているようで、「スピーチの間、手はどこに置いていたらいいのですか？」という質問をよくいただきます。

結論から申し上げると、自然に下ろして、軽く前で組む感じがよいでしょう。どこかに手が触れていないと安心感が得られず、あがってしまう場合があるからです。ハンカチなどを握り締めるのも効果があります。

もちろん、組まずに腰の両脇に下ろしたままでもかまいません。ハンドマイクでスピーチするときは、そのほうが自然です。

一度、鏡の前に立って確認してみてください。

さらに、後ろで手を組まないこと。ジェスチャー以外であっちこっちに手を動かさないこと。

以上の2点さえ気をつければ、悩む必要はありません。

うまくできたら、好きなポーズをとれ！

スピーチをする上でもっとも大切なことは、どれだけ正確に話せたかではなく、どれだけ気持ちを乗せられたか、ということです。多少つっかえてもかまいません。

逆に練習中、ちょっとでも気持ちが乗ったなと思

ったら、ポーズをとってください。どんなポーズでもかまいません。ガッツポーズでもいいし、「アッポーペン！」でも「ゲッツ！」でもいい。とにかく、自分でできたなと思ったら最後に好きなポーズをとる。くわしくは次章でご紹介しますが、非日常的なポーズほど効果があります。

実は、この繰り返しが、本番でのあがり症を防いでくれるのです。恥ずかしくてできないときは、誰も見ていないところでこっそりやるか、背伸びや手をたたくなどの動作をするだけでもいいでしょう。今は、あなたの気持ちとポーズを関連付けることに集中しましょう。

原稿をそのまま読んでもいいスピーチの方法

これまで、本番では原稿を読まない方向で練習してきました。しかし中には、原稿をそのまま読んでもいいスピーチもあります。

それは、メッセージを新郎新婦への手紙として読み上げる方法です。

もちろん、新郎への手紙でもいいのですが、どちらかというと、女友達が仲のよい新婦へ宛てた手紙という設定のほうがしっくりくるでしょう。ひとつの演出方法として、覚えておいて損はありません。

ただしこの場合、内容を忘れてしまうリスクはなくなりますが、スピーチが単調になる可能性があります。


一番多いのが、声が小さく早口になってしまうケースです。文字を追うだけになると、こうなります。

聞き取りにくいスピーチほど、イライラするものはありません。

たとえ手紙であっても、今は誰に向けて話しているのか、気持ちがちゃんと乗っているかを意識しながらスピーチするようにしてください。

太郎くんとさゆりさんに手紙を書いてきました……
ゆっくり！
声は大きく!!

そのコツとしては、声を少し大きくし、しっかりと「間」をとることです。

最後は、昼間のカラオケボックスで仕上げる！

通し練習の最後の仕上げは、本番と同じようにマイクを使ってのスピーチです。一番いいのは式場でリハーサルをすることですが、これはなかなか実現が難しいでしょう。

そこで代わりとなるのが、カラオケボックスです。当日までに一度利用してみることをおすすめします。特に、昼間なら料金も安く、店によってはドリンク代だけで使うこともできます。時間帯さえ間

違えなければ1人でも利用しやすいでしょう。
まわりを気にすることなく思いっきり練習できるので、積極的に利用してください。

スピーチ本番までの過ごし方

どんなにスピーチ上手な人でも、最初からできていた人はいません。みのもんたさんもそう。古舘伊知郎さんもそう。プロテニスプレーヤーの錦織圭だって、いきなり世界の錦織になれたわけではない。日々、今、自分にできることを積み重ねていった結果が、あのような記録を生んでいるのです。

そういった意味では、スピーチ本番を迎えるまでの1日1日の過ごし方はとても大切になってきます。これまでの練習の成果を確かなものとするためにも、ぜひ次の3つのうち、ひとつでも習慣にしてみてください。

❶ 1日5人以上褒めてみる

例えば、会社のエレベーターで誰かに会ったら、必ず挨拶をする。1日5人以上褒めてみるなど、日常の中でできるだけ会話を増やしていきます。飲み会の幹事を引き受ける、乾杯の挨拶をするだけでもかまいません。会議の議長や朝礼での発表など、頼まれても断ってきたことをみずから買って出るのもよいきっかけになります。とにかく、人前で話す機会に積極的に飛び込んでいく姿勢を持つようにします。

❷ 毎日、出かける前に発声練習をする

発声練習と言っても、アナウンサーがするような本格的なものでなくても十分です。毎朝の洗顔や身だしなみを整えるときなど、ちょっとした時間を利用して、鏡の前で次のように発声練習をしてみましょう。

「あさひのア、いろはのイ、うえののウ、えいごのエ、おおさかのオ……おしまい

のン」

このように、電報や無線通信時に使われる通話表を利用します。

このとき、最初は明るく、次は悲しそうに、その次は怒った感じでと、表情をいろいろと変えてやってみてください。

特にどもりやすい方は、顔の筋肉がいつのまにか柔らかくなって、言葉がスムーズに出てくるようになります。

参考　通話表

朝日の**ア**	いろはの**イ**	上野の**ウ**	英語の**エ**	大阪の**オ**
為替の**カ**	切手の**キ**	クラブの**ク**	景色の**ケ**	子どもの**コ**
桜の**サ**	新聞の**シ**	雀の**ス**	世界の**セ**	そろばんの**ソ**
タバコの**タ**	千鳥の**チ**	鶴亀の**ツ**	手紙の**テ**	東京の**ト**
名古屋の**ナ**	日本の**ニ**	沼津の**ヌ**	ねずみの**ネ**	野原の**ノ**
はがきの**ハ**	飛行機の**ヒ**	富士山の**フ**	平和の**ヘ**	保険の**ホ**

マッチの**マ**	三笠の**ミ**	無線の**ム**	明治の**メ**	もみじの**モ**
大和の**ヤ**		弓矢の**ユ**		吉野の**ヨ**
ラジオの**ラ**	りんごの**リ**	留守居の**ル**	れんげの**レ**	ローマの**ロ**
わらびの**ワ**	おしまいの**ン**			

❸ 常に「ギフトラッピング話法」で話す

イメージの力であがり症を克服する方法があります。

例えば、オリンピック選手は表彰台に立つシーンを思い浮かべたり、外科医は執刀している場面をイメージすることで、よい結果を残すことができます。それと同様にイメージすることで、大勢の前でも話せるようになるものです。よく、「聴衆者をかぼちゃと思え！」と言いますが、これも一種のイメージングです。

これはこれで、効果のある人もいるでしょう。しかし、日常の習慣とするにはふさわしくありません。その場限りの対処法なので、あなたのスピーチ力の土台部分にはなり得ないからです。

そこで、ふだんから次のようにイメージすることをおすすめします。

相手と話すときに、言葉にリボンをかけてプレゼントする、または会話全体で相手を包み込んでしまうようなイメージをするのです。

私が、実際に日常会話で実行している方法で、ギフトラッピング話法と名づけています。

これを習慣にすると、相手が苦手なタイプであっても、また大勢であっても、動揺せずに落ち着いて話せるようになります。しかも、相手に伝わり、心に響くようになります。ずっと続けてほしい習慣のひとつです。

会社の上司や同僚、友人、知人はもちろん、ご両親にも、今日からギフトラッピング話法で接してみてください。

きっと、相手はあなたの変化に気がつくことでしょう。

以上、結婚式のスピーチであがらないための練習方法を細かく説明してきました。

実際にやってみた感想はいかがでしょうか？　案外、自分が思っていた以上にできて、逆に本番が待ち遠しく感じたかもしれませんね。

毎日、少しでも取り組んでいただければ、自分なりにコツがつかめるようになります。準備してきた1つひとつが必ず花開きますので、自信を持って当日を迎えてください。

Part4

いよいよ本番！
こうすれば
あなたはあがらない

まずは、メンタルチューニングから！

本番当日は、少し早めに会場入りしましょう。

会場によっては、その空間の広さや豪華な設備にびっくりしてしまうこともあり、慣れるまでに時間がかかるからです。

例えば、リッツカールトン・ホテルでスピーチをすると頭ではわかっていても、実際にその場に立つと、それだけで震えてあがってしまうものです。よほど場数を踏んでいない限り、すぐには溶け込めません。

本番前は、まわりの雰囲気に飲み込まれないメンタル面のチューニングが大切なのです。

スピーチ初心者であれば、開演1時間前には到着して、心と身体を落ち着かせる時間を作ってください。

その中で、次の5つを行なっていくと、スムーズにチューニングができるようにな

①司会者、会場スタッフに挨拶する

②スピーチする場所を確認する

③心身のストレッチをする

④事前にマイクテストをする

⑤新郎新婦に挨拶する

ります。

司会者、会場スタッフに挨拶する

まずは、当日の進行を務める司会者に味方になってもらいましょう。

「今日、スピーチをする麻生と言います。口下手なので言葉に詰まるかもしれませんが、そのときはフォローをよろしくお願いします」

このように、挨拶を兼ねて事前に伝えておくと安心です。

司会者も、スピーチする人がどんな人なのかが前もってわかるため、歓迎してくれます。

ただし、会場入りする時間によっては、司会者がスタッフと打ち合わせ中のときもあるので、頃合いを見計らって自己紹介をするようにしてください。一緒にスタッフにも挨拶をしておくと、困ったときは助けてくれます。

スピーチする場所を確認する

挨拶が終わったら、スピーチする場所を確認しましょう。

招待席と実際にスピーチをする場所とでは、目に映る光景が明らかに違います。マイクの前に立ったとたん、スポットライトが当たり、ゲストの視線を一身に浴びる。目に映るものだけでなく、身体に感じるものも違ってきます。本番であがらないためには、あらかじめその差を知っておくことが大切だからです。

マイクの位置がわかったら、司会者に紹介されたと仮定して、あなたの席からそこに向かって歩いてみてください。本番の状況を、できるだけリアルに感じるためにも決してあわてず、できるだけゆっくりと向かうようにしましょう。

簡単なことですが、メンタル面のチューニングには大いに役立ちます。

心身のストレッチをする

続いて、マイクの前に立ったら、静かにまわりを見渡してください。会場全体の大きさや雰囲気、司会者や新郎新婦との距離感を、本番と同じ場所からつかむためです。会場の一番左奥から右手前まで、ちょうどZという字を描くように視線を動かすといいでしょう。

「意外に奥行きがあるなぁ」、「あのテーブルには友人が座っている」など、身体全体で十分にイメージしてみましょう。

ここで、もし「ブルッ」ときたら、心と身体がこわばっている証拠です。震えを抑え、よりリラックスした状態に持っていくためにも、心身を柔軟に伸ばすストレッチが必要です。固くなったままでは、あなたらしいスピーチはできません。

早速、心のストレッチから始めてみましょう。その場で大きく深呼吸をします。2～3回程度、ゆっくりと落ち着いてできたら、次のようにイメージしてください。大きく息を吸い込むたびに会場全体があなたの身体の中に入っていきます。テーブルや壁、天井など、目に映るものはすべて、雰囲気も含めて鼻から吸い込んでいきます。アラジンの魔法のランプのように、どんどん身体の中へ入れていってください。そのたびに、自分の身体が大きくなっていきます。

そして吐くときは、吸い込んだ会場全体が、ちょうどヘソの下あたりに小さく下がっていくイメージをするのです。

張り詰めた心が徐々に開放されて、リラックスしていくのを実感できるでしょう。目の前に映っているものすべてを、自分の身体の一部分にしてしまうところがポイントです。ここさえはずさなければ、他のイメージによるストレッチでもかまいません。震えの対象を自分のコントロール下に置いてしまうことで、緊張感は和らいでいきます。

次に、身体のストレッチも忘れずに行なってください。その場で大きく腕を上に伸ばす、屈伸運動をする、身体を左右にひねるなど、簡単な運動をしてみます。ラジオ体操でもかまいません。

2～3分もやれば、血行がよくなって身体が温まるため震えはなくなります。また、声も出やすくなるので、私が通っていたアナウンサー学校では、必ず柔軟体操をしてから発声練習に臨んでいました。ブルッときてもこなくても、軽い運動をしておくことをおすすめします。

事前にマイクテストをする

「プロのアナウンサーなら、あがることなんてないですよね」とよく言われますが、そんなことはありません。どんなにしゃべり慣れた人でも、最初の第一声は緊張します。新人アナウンサーはもちろん、ベテランであってもそれは同じです。
しかし、そう感じさせないのは、プロは事前にウォーミングアップを終えているからです。

リリーフを告げられたピッチャーがすぐに投げられるのと同じで、プロはあらかじめマイクを使ったリハーサルをしています。他にも「影アナ」と言って、お客さんが見えない位置から本番前にアナウンスをすることもあります。

「本日は、お越しいただきありがとうございます。開演まで、もう少々お待ちください」

「携帯電話はマナーモードにするか、電源をお切りください」

このように、影アナは口慣らしも兼ねているのです。ですから、「ただいまマイクのテスト中です」の一言でもかまいません。一度マイクを通して声を出してみましょう。マイクと口との距離によっては、声の大きさや響きが違うことも確認できます。声質やマイクの性能にもよりますが、通常は握りこぶしひとつ分開ければよいでしょう。

合わせて、マイクのスイッチやスタンドの高さを調整する方法も確認しておくことをおすすめします。会場スタッフがセッティングしてくれる場合がほとんどですが、まれに、自分でやらなければならないケースもあるからです。

会場に誰もいないときこそチャンスです。恥ずかしがらずに積極的にマイクテストをしてください。

自転車を漕ぐときと同じで、最初は力が必要です。でも、いったん走り出せばペダルを踏むのが楽になってきます。先に一声出しておくだけで、スムーズに本番を迎えられるようになります。

新郎新婦に挨拶する

いよいよ、最後のメンタルチューニング、新郎新婦への挨拶です。挨拶と言っても堅苦しいものではありません。軽く冗談を交わしに行くのが本当の目的です。

緊張しているのは相手にとっても同じこと。控え室に長い時間いては迷惑となりますが、「顔を見に来たよ！」の一言や、「あのこと、このこと、全部しゃべっちゃうから覚悟しててね♪」などの短い挨拶は、お互いの気持ちを落ち着かせてくれます。

喜ばせたいという思いも、笑顔を見れば自然と強くなってきます。

この状態をもって、メンタルチューニングは完成します。会場が日本武道館だろうが東京ドームだろうが、練習の成果を１００％出しきることができるでしょう。

非日常的な環境にいきなり投げ出されたら、誰でも言葉に詰まります。だからこそ、ご紹介した５つのステップを事前に踏むことが大切なのです。まわりの雰囲気に飲み込まれず、その場にふさわしいメンタルを得るためにも、会場に到着したら忘れずに行なってください。

スピーチの内容を忘れてしまいそうになったら

本番直前になればなるほど、スピーチ内容を忘れていないかどうかが気になってしまう方がいます。あれだけ練習したのに、時間が近づくにつれて不安になってくる。

その原因の多くは、一字一句思い出そうとしてしまうことにあります。

ですから、ここで決して原稿そのものを見てはいけません。つい見たくなる気持ちはわかりますが、一度原稿を開いてしまうと、何度も確認するようになるからです。頭の中で文字を追うようになったら、スピーチはおしまいです。気持ちをのせることはできないでしょう。

そこでおすすめなのが、キーワードメモだけを見る方法です。本書で述べた練習を積んでいれば、眺めているうちに必ず言うべき言葉が浮かんでくるはずです。仮に、すべてを思い出せなくても、

「つまり、これから披露したいエピソードとは……」

「要するに、今日私が伝えたいこととは……」

と自分に投げかけることで、話の肝と、その前後の流れだけは自然に思い出すことができます。

あとは、細かい言い回しなどは気にせず、頭に浮かんだままを話すことです。たったこれだけでも、立派なスピーチになります。

開演前にトイレの中でこっそり見たり、自分の席でも確認できるように、キーワー

ドメモはポケットに忍ばせておくとよいでしょう。

お守り代わりにもなるので、落ち着いて臨むことができます。

口のストレッチをする

式も始まって、いよいよスピーチの順番がまわってくる……。

まさに、その直前にやっておくと、あがり症を防ぐ効果的な方法があります。柔軟体操をすると声が出やすくなりますが、式の最中にメンタルチューニングで行なったような運動はできません。

そこで、口だけでもストレッチしておくのです。特に、つっかえやすい方は忘れずに行なうとよいでしょう。最初からつまずいてしまうと、そのあとのペースがつかめずにあがってしまうことがあるからです。

口のストレッチはオンエア前のアナウンサーもやっている強力な方法です。第一声がスムーズに出るようになるだけでなく、短い時間で緊張をほぐすこともできます。簡単ですから、ぜひ試してみてください。

唇を少しぬらしておく

口のストレッチが終わったら、少し唇をぬらしましょう。乾いているよりも湿っていたほうが、さらに言葉が出やすくなるからです。

アナウンサーの場合、本番前になるとリップクリームを塗る人が多いのですが、水を一口飲むだけでもかまいません。これが一番気軽にできる方法です。

ただし、水の代わりにコーラやビール、シャン

パンなど、炭酸の入ったものを飲むのは避けましょう。お祝いの席で、ゲップが出てしまう恐れがあるからです。マイクに乗った、その音を一度だけ聞いたことがありますが、せっかくのいいエピソードが台無しでした。しかも、まわりを一瞬にして不快な気分にさせてしまいます。必ず普通の水を飲むようにしてください。

冷え性の方や、水分をとると急にトイレに行きたくなってしまう人は、飲まずに唇をつけるだけにしておくといいでしょう。リップクリームを使うのもおすすめです。

最後にメンタルスイッチを入れる！

本番であがらないように、これまでさまざまな準備をしてきましたが、あとひとつだけ、最後にやっていただきたいことがあります。

司会者から名前を呼ばれる前でも、その直後でもかまいません。

前章でやっていただいた、気持ちが乗ったときの「ポーズ」をとりましょう。練習中、ちょっとでもできたらガッツポーズをした人は、同じようにガッツポーズをとります。指を鳴らした人は指を鳴らし、手をたたいた人は手をたたく。とにかく、「よっしゃ！　うまくいった！」と感じたときの動きを、ここで再現するのです。すると、まるで魔法がかかったように自信が湧いてきます。

あなたの気持ちと特定のポーズを、練習で何回も何回も結びつけてきたので、そのポーズそのものが、メンタルスイッチになっているからです。腰に手を当てて牛乳を飲んだとたん、急に元気な気分になってくるのと同じです。あまりにも恥ずかしくて、その場ではできないようなポーズであれば、やったときの状況を思い出すだけでもかまいません。

ぜひ、あなた自身のメンタルスイッチを最後に入れてからマイクに向かってください。あとは、練習通りにスピーチするだけです。

ここまでのアドバイスを1つひとつ実践していただければ、あがらないどころか、最後には割れんばかりの大拍手が湧き起こるはずです。

この3分のために、どれだけ一所懸命取り組んできたか、その心の在り方も含めて、「Your happiness is My happiness !」の気持ちが伝わってくるからです。

使い捨てカイロを首の裏に貼る

ここから先は、必ずしも必要ではありませんが、あがりを抑えるのに役立つ、とっておきの裏ワザをご紹介しましょう。

緊張していると「君、固いね」と言われるように、緊張してくると身体がこわばってきます。

その後、だんだん寒気が襲ってきて、手足が震えだすこともあります。身体が硬直している

ほど、血液の流れが悪くなるためです。ひどくなると、顔だけでなく全身真っ青になります。このような症状はさらに続き、身体の柔軟性を失ったことから重心バランスが崩れ始め、身体全体がブルブル震えるようになってしまいます。あがり症が心配な方にとっては、想像するだけでも苦痛です。

これを防ぐためには、十分に身体をあたためておくことです。だからこそ、事前に柔軟体操をしていただくのですが、実は、もっと手っ取り早い方法があります。

それは、使い捨てカイロを利用する方法です。スピーチ前に、ちょうどへそのあたりに1枚、真裏にあたる背中側に1枚、計2枚のカイロを服の内側に貼ってみてください。これで、まず本番で震えることはありません。仮にブルッときたとしても、カイロの部分に手を当てることによってしだいに震えはおさまってきます。シャツやジャケットの襟などで隠せる方は、腰だけでなく首の裏にも貼ってあたためるといいでしょう。

新人アナウンサーが実際にテレビでニュースを読むときに使っていた方法ですが、どもりを防ぎ、最初からつまずくのを防いでくれます。

ちょっとだけ高めの声を意識する

これは、初めて司会をする人にもアドバイスしていることなのですが、いつもより、ちょっとだけ高めの声で話すと、あがり症を抑えることができます。

緊張してくると、どうしてもボソボソとした声になりがちです。声の大きさも、だんだん小さくなってきます。その自信のなさの表われが、さらにあがりを引き起こしているケースが少なくありません。

よく脳科学の分野では、「悲しいから泣くのではない、泣くから悲しいのだ」と言いますが、そ

れと同じで、自信がなさそうな声で話すからあがってしまうのです。

そこで、いつもよりテンションを上げぎみで話すことが大切になってきます。声を大きくする、張ってみるなど、いくつかコツがありますが、中でも一番おすすめなのが、ちょっとだけ高めの声で話す方法です。

男性なら、俳優の哀川翔さんのような声を少しイメージしてみてください。実際にやってみるとわかりますが、音程を意識するだけで適度に力が加わり、自然にテンションが上がってきます。

もちろん限度はあるので、キンキンするほどの声にしたら逆効果です。普段の3％増し程度の高さを意識するくらいでちょうどよいでしょう。ボソボソ話すくらいなら、哀川翔になりきることです。

また、高い声はそれだけで通りやすいので、多くの人にスピーチ内容を理解してもらえるというメリットがあります。

スライド写真や小物を使う

会場内にスクリーンがあれば、エピソードにまつわるスライド写真を映しながらスピーチをするのも手です。この場合、列席者の興味を分散させることができるため、視線による圧迫感から解放されます。

仮にスクリーンがなくても、注意を引く小物を使うことで同じ効果が得られます。

「これが、新郎と一緒に作った当時の新聞です！　こんなことが書いてあります」

「ご覧ください。こちらが、新婦から初めてもらった、その手紙です。ちょっと読んでみます」

このように使い方しだいで、ゲストの視線をそらしつつ、そのままスピーチ原稿として利用することもできるのです。

どうしても人の目が気になる方は、スライド写真や小物を使ってみてください。感情が自然に湧き上がり、内容を忘れる心配もないのでおすすめです。バリエーションのひとつに入れておくといいでしょう。

スピーチを2人以上でやる

ひとりでスピーチするよりも2人でスピーチしたほうが、単純に気が楽になります。

事前にしっかり仕込んで漫才ふうに披露してもいいし、新郎新婦との共通エピソードを2人のリレー形式で話していく方法もあります。もちろん、仲良し3人組のように、2人以上でスピーチをしてもかまいません。

不安であがるどころか、逆にワクワクした気持ちが高ぶってくるでしょう。

注意点は、スーパーで出会ったおばさん同士が話しているようにならないことです。ラジオでもそうですが、２人、３人とゲストが多くなるほど、１人がしゃべっているところへかぶって話す人が出てきます。かぶりが１人ぐらいならまだいいのですが、２人以上になると、ゲスト側は何を話しているのかわかりません。

当事者だけが盛り上がって、おばさんの立ち話のようにならないよう、事前に細かな打ち合わせをしておきましょう。見た目も豪華になるのでおすすめです。

内容なんて覚えちゃいない

突然ですが、あなたは、１年前に出席した結婚式のスピーチ内容を覚えていますか？　半年前、いや３ヵ月前でもいいです。おそらく、覚えていないはずです。

どんな人が、どんなことを、どのように話したのか。メガネをかけた人がスピーチしていたとか、明るく爽やかな感じの人が最初に出てきたとか、その程度ではないでしょうか。話の中身までは思い出すことができず、たとえ浮かんできたとしても、何か感動する話だったような気がする、という程度でしょう。

でもここで、「あぁ、私はなんて人の話を聞けない人間なんだろう」と、自己嫌悪に陥る必要はありません。

有名な「エビングハウスの忘却曲線」が示すように、人間の記憶は数分程度で右下がりの曲線を描いて低下していきます。特に習慣にしていないものは、どんどん忘れていきます。

1ヵ月後には8割近くも忘れてしまうのが人間なのです。

だから、1ヵ月後にはほとんどの人があなたのスピーチの内容なんて覚えちゃいないのです。

仮に、「うまくできなかったらどうしよう」、「何か言われたらイヤだな」とあなたがプレッシャーを感じているとしたら、思えば思うほど損です。思って何とかなるのなら意味はありますが、よけいにあがってしまうだけでしょう。

スピーチはどんなに長くても3分間。その後は、時間がたつにつれて忘れられていきます。しかもその3分間でさえ、聞いていない人がいるかもしれません。カラオケで歌ってほしいと頼まれて、いざマイクを持ったら誰も聴いていなかったというのと同じです。そう考えれば、よけいな気負いも少しは減ってくるでしょう。

ただしこの考え方は、今までの練習を通じても不安で不安で仕方がないという方だけが使える最後のジョーカーです。できれば、あまりおすすめしたくはありません。「どうせ、誰も聞いていないし覚えてないから」という思いが本当になってしまうと、それはすでに、スピーチではなくなってしまうからです。

大切なのは、あくまでもあなたの心の在り方です。「Your happiness is My happiness！」です。これさえ、徹頭徹尾ぶれなければ、本番であがるあがらないは別にして、スピーチは１００％成功します。

全然うまくできず、たとえ自己評価が０であっても、列席者には真心が伝わっていくはずです。

心の在り方が発する実質的な力を消さないためにも、最後のジョーカーは一時的に引くだけに留めてください。

先に同じネタをスピーチされたら

いくら準備をしていても、本番では100%、その通りいくとは限りません。ひとつや2つ、予測できなかったことが起こる可能性があるからです。なかでも、P80で述べたように、先に同じネタを別の人に言われてしまうケースがあります。

そのような事態に備えて他のエピソードを用意していれば、そちらを披露すればいいでしょう。しかし、その第2候補がないときは、あわてず次のようにスピーチしてください。

「A子さんといえば、やっぱり、●●のエピソードははずせません。
先ほど、田中部長もおっしゃっていたように、A子さんは本当に△△なのです。
あのとき、私が最初に感じたのは……」

このように、たとえネタが同じであっても、「この話に新郎新婦を語るのに一番ふさわしいエピソードである」ということと、「あなたの視点で感じたこと」を素直に話せばいいのです。

あなたの主観が加われば、それだけで誰のものでもない、オリジナルのスピーチとなります。あわてて内容を変える必要はありません。もしエピソードがかぶったら、感じたことをそのまま列席者にアピールしましょう。

もし、スピーチの途中であがってしまったら

人前に出れば、誰だって多少なりとも緊張します。それでも堂々と話せるのは、その緊張感を自分でコントロールできているからです。

視線によるあがりだったら、心のストレッチで気持ちを相手に向けてみる。

一時的に内容を忘れてしまったのなら、「要するに、私が伝えたいことは……」「つまり、私が言いたいのは……」と口に出してみる。あるいは、ポケットに忍ばせておいたキーワードメモを見てもいいでしょう。

ここまで読んでいただけたあなたなら、できることはたくさんあります。

しかし、いったん冷静さを失うと、そんな簡単なリカバリーさえできなくなります。頭が真っ白になって、自分でも何をしゃべっているのかわからなくなり、とたんにコントロール不能となってしまいます。

そういったときこそ、客観的に自分自身を見られる状態を作り出さなければなりません。

「あっ、私は今、次の言葉が出なくて困っているな」

「あわてなくても、こうすればいいのに……」

こんな声が自然に聞こえてくるようになれば、徐々に落ち着きを取り戻せるからです。深呼吸をする、親しい友人の顔を見るなど、そうするための方法はいろいろありますが、なかでもおすすめしたいのが、「自分で自分を実況中継する」という方法です。自分の中からもうひとりの自分を生み出し、その自分があなたのことを外から描写するのです。

「北海道支店時代は、本当に仲がよく……仲がよく……（ちょっと詰まったあとに）、え～、ちょっと慣れないマイクの前で緊張しています。昨日も、ちゃんと練習したんですけどね。ポッと忘れてしまったようです。でも、このエピソードだけはどうしても伝えたい……なので、メモを見ちゃいますね」

このように、自分の状態をもうひとりの自分に見つめさせると、「メモを見ればいいだけじゃないか」という解決策が「ふわぁっ」と浮かんでくるようになります。もちろん、他のアイデアが出てくることもあるでしょう。

「ごめんなさい。緊張して忘れてしまいましたが、要するに、宇宙一おめでとう、ということを言いたかったんです。本日は、本当におめでとうございます！」

というように、短くても心を込めてスピーチすることを思いつくかもしれません。パニックになった自分では打開できなくても、冷静に実況中継しているもうひとりの自分なら、そこから抜け出すことができます。スピーチの途中であがってしまったら、迷わず、その彼（彼女）にマイクを渡しましょう。

「今、あなたはこんな状態だよ」

と実況中継してもらうことで、今の自分に何ができるのか、どんなリカバリーができるのかが見えてきます。

以上で、私からあなたへのアドバイスはすべて終了です。

ここまで読んでいただきありがとうございます。

この本を手に取った最初は、とにかく、結婚式のスピーチであがらない方法を知りたい、素早く緊張感がとれる、魔法のよ

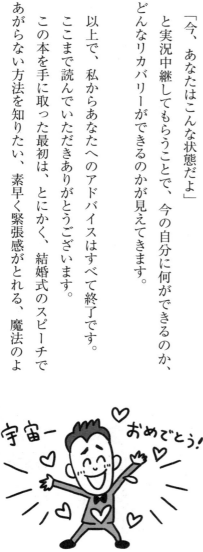

うなテクニックを教えてほしいと願っていたことでしょう。

もちろん、私もプロですから、その方法をあなたにお伝えしましたし、実際に現場で使っているからこそ、その効果には自信があります。

しかし結局は、「あがってもあがらなくてもどっちでもいいんだ」「結婚式のスピーチは、自分の心の在り方さえ映し出されていればいいんだ」ということが、少しでも伝わったのなら、これほどうれしいことはありません。

私が一番アドバイスしたかったのは、テクニックではなくこの部分だからです。

「Your happiness is My happiness！」の気持ちを忘れず、あなた自身の言葉で新郎新婦の魅力を列席者に訴えてください。

この3分間のためにどれだけ真剣に取り組んできたか、その心の在り方をもってすれば失敗することのほうが困難です。次章からは実際のスピーチ例を載せていますが、言うまでもなく参考程度に眺めるだけにしてください。

最後に、とっておきのアドバイスをあなたに贈りましょう。

もし、事前に席次表が手に入るようなら、そこに書かれた名前を本番前に、こう読み上げるのです。

「青山弘子さん、ありがとう、石井達彦さん、ありがとう、森下輝道さん、ありがとう……山岸千恵子さん、ありがとう……」

スピーチが終わったとたん、今までにない大きな拍手で包まれます。信じるか信じないかは、あなたしだい。

でも私には、拍手に包まれて「くしゃくしゃになったあなたの笑顔」が見えるような気がしてなりません。

Part 5

応用可能
——状況別スピーチ事例

社内恋愛編

▽職場の同期のスピーチ

新郎新婦ならびにご両家の皆さま、本日はご結婚おめでとうございます。

このようなよき日にお招きいただき、本当にありがとうございます。

私は、新婦、広美さんと同期入社の佐藤ゆかりと申します。

広美さんとは短大のときからの仲よしなので、ここからは、ヒロッチと呼ばせてください。

ヒロッチとは、同じテニスサークルを通じて知り合ったんですけれども、お互い、よくさぼって駅前のカフェでおしゃべりばかりしていました。

就職活動中も、私が一緒に今の会社を受けようと言うまでは、ずっとそんな調子だったので、正直、今のヒロッチの仕事ぶりには驚かされています。

先日も、買ったばかりのワンピースが気にいらないというお客さんのところへ真っ

先に行って、その場で違うサイズと別のデザインのものを見せ、なんと、両方お買い上げいただいたそうです。

他にも、接客したお客様には必ず帰り際に一言メッセージを書いた絵葉書を渡すなど、ヒロッチならではの心を通わせる仕事ぶりが、私のいる新宿店まで聞こえてきます。

お祝いの席で、こんなことを言うのは何ですが、はっきり言って短大時代とは別人です。

とにかく、ヒロッチは面倒なことが大キライで、私が学園祭に行こうと言っても「え〜、今日はいいわ」と言ったり、ディズニーランドでも、15分以上待つアトラクションには絶対に乗りませんでした。

この人、やる気出すときあるのかな、と本気で心配したほどです。

ですから、先ほどの仕事ぶりを聞いたときは、きっと何かあるに違いないなと思って白状させたところ、新郎の存在を教えてくれました。

ヒロッチが仕事で悩んでいたとき、同じ職場にいた純一さんが一緒になって考えてくれて、夜遅くまで売場のレイアウトを変えたり、プライスを付け替える手伝いをしてくれたそうです。

そのやさしさに惹かれちゃったと、1時間以上もノロけてくれました。

きっと今は、その純一さんのために何とか力になりたいと思って頑張っているんだと思います。やっぱり、「愛」は人を変えるんですね。

気がつけば、仕事以外でもすっかり先を越されて、変わっていないのは私だけになりましたが、純一さん、これからもヒロッチを支えてあげてください。

ディズニーランドで、1時間待ちのビッグサンダーマウンテンに乗せてあげてください。

2人がいつまでも協力し合って、温かい家庭を築いていくことを心から願っています。

本日は、本当におめでとうございます。

ポイント

「ここからは、ヒロッチと呼ばせてください」と言うことで、この人は形式的ではなく、心のこもったスピーチをするんだなという印象を列席者に持ってもらえます。

そのまま親しみをこめてエピソードを話し、結びは「ディズニーランド」で笑いを誘う「天丼」テクニックですね。

ソフトな暴露編

▽ナンパばかりしていた悪友のスピーチ

本日は、ご両家の皆様、誠におめでとうございます。

私は、新郎の柿崎くんと、何と言いましょうか、言葉を慎重に選ぶならば、「初対面話し方研究会」という会に所属している麻生けんたろうと言います。

高校時代からの付き合いになりますが、お互い、あがり症だったので、メンタル面を鍛えようという正しい目的のもと、よく金曜の夜に、仕事があけたあと研究会を開

催していました。

おかげさまで、このように人前で話せるようになったわけですが、多くの研究成果の中でも、あの夜のことは忘れられません。

その日は、渋谷のセンター街で活動をしていました。

いつものように新郎が、初対面の人に、

「北海道から来たんですけど、東京タワーはどこですか？」

って聞いたら、「えっ、ここにはないですよ」と真剣に答えてくれたのが、そうです、今、隣に座っている浩子さんだったんです。

ボクは、そのリアクションを聞いたとき、正直、良心が痛みました。これまでは無視されることがほとんどだったのに、浩子さんだけが何の疑いもせず、真面目に答えてくれたからです。

それなのに、柿崎はすかさず、「困ったな。どうやったら行けるんだろう……」とか、「誰か、案内してくれたらなぁ」とか、彼女に聞こえるか聞こえないかの小声で、「サブリミナルメッセージ」を送り始めたんです。

このときボクは、人間というのは暴走すると何をするかわからないものだとあらためて思いました。

すでに研究目的を忘れて、単なる個人の利権獲得運動に走り始めた新郎は、あの手この手を繰り出すんですけれども、浩子さんはしっかりものです。そんな小手先のテクニックはまったく効かなくて、ことごとくはねのけられました。

そして、ついに「それでは……」って浩子さんが歩き始めた瞬間、衝撃の言葉を新郎から耳打ちされたんです。

「頼む。お前から誘ってくれない？　ガリガリ君おごるから」

浩子さん、あの時、ボクが誘っていなかったら……間違いなく2人は結ばれていません。

この事実を聞いて「私はガリガリ君と一緒なのか！」と、怒り心頭でしょうが、東京タワーに3人で行って、途中、ボクが行きたくもないのに「オレ、ちょっとトイレに行ってくる」って、席をはずしてあげなければ、2人は、今ここにはいないんです！

だから、ボクに最大の感謝をしてもらうべく、あのときの借りを、今ここでキッチリ返してもらいます。

「頼む！　お前から、浩子さんを一生幸せにすると宣言してくれない？　ここにいる皆で、拍手するから！」

（新郎の宣言後、会場が拍手喝采で包まれる）

今をもって、「初対面話し方研究会」は解散いたします。

浩子さん、いつまでもお幸せに。

そして、柿崎！　ガリガリ君、早くおごれ！　以上。

ポイント

少々トリッキーなスピーチです。しかし、よく読んでもらえればわかると思いますが、ギリギリのところで失礼にならないようにしています。

高校、中学の同級生が多く集まる結婚式では、ときどき暴露話になっているスピーチを見かけますが、根っこの部分に「Your happiness is My happiness！」さえあれば、「新郎は中学時代、３人の女と同時に付き合っていて、その１人は今日も来てるよな！　え〜と、あそこのテーブルの……」なんてことにはならないはずです。

逆に、その部分さえブレていなければ、例文のようなスピーチでも心配はいりません。

ちなみに、ここでも「天丼」テクニックが効果的に使われているのが、おわかりいただけるでしょう。

共働き編

▽職場の先輩のスピーチ

信子さん、弘明さん、ご結婚おめでとうございます。

私は、信子さんと同じ部署で働いている3年先輩の田中真紀子と言います。

会社では教育係を担当しております。

そのため、これまでもたくさんの新入社員を見てきましたが、信子さんが初めて販売部に配属されたときのことは、今でも忘れません。

ちょうど2年前です。4月12日の月曜日。

朝礼の終わりに信子さんの自己紹介がありました。

新入社員らしく、「皆さん、よろしくお願いします」なんて挨拶していたので、初々しいなぁと思っていたら、まさかその10秒後に、その印象がまるっきり反対になるとは夢にも思わない事件が起こったんです。

さぁ、席に着いて仕事を始めようかという、そのときですね。

突然、「この企画をやらせてください」って高橋部長に訴えるんですよ。

しかも、「もしダメなら、こちらの企画もご覧ください」と言って、どばっと、部長の机の上に何十種類もの企画書を置いていったんです。厚さにして、10㎝はあったでしょうか。驚きました。そんな新人、今までいなかったですからね。

正直、「すばらしい！」というよりも「何なんだ、この新入社員は！」と思いました。でも、あとからことの真相を信子さんに聞いてみると、さっきまで白い目で見ていた自分が、逆に恥ずかしくなってきました。

実は、入社が内定したときからずっといろんな企画を考えていたそうです。

この会社で働きたい、自分の力を試してみたいと、ずっと思っていたので第一志望の会社に入れて、本当にうれしかった。

だからこそ、入社前からいろいろと研究して、自分なりのアイディアをまとめていたのです。

私が新入社員のときは、正直言って、ここまで仕事のことを真剣に考えてはいませんでした。

この、一途で一所懸命なところが昨年、実を結び、ついに夏の販促キャンペーンに信子さんの案が採用されました。多くの販売店からご好評をいただいた、あのダイナマイトキャンペーンは、信子さんが考えた案だったんです。おかげで、会社の数字も大幅に上がりました。

そんな信子さんですから、これからも大活躍してくれそうなんですけど、先輩として、ひとつだけお願いがあります。

どうか、今日からは弘明さんだけに、その一途なところを捧げてください。

共働きになると、一緒に過ごす時間が少なくなりがちです。

お互いが歩み寄りながら、上手に時間のやりくりをして、ぜひ、素敵な家庭を築いていってください。

いつまでもお幸せに！　本日は本当におめでとうございます。

ポイント

本書で説明してきた内容を忠実に再現したスピーチとなっています。エピソードをひとつにしぼり、仕事に一所懸命取り組む新婦の姿を「一途な」と表現して、はなむけの言葉に使っています。

実況中継編

▽中学時代の友人のスピーチ

かっちゃん、とも子さん、結婚おめでとう！

ボクは、中学時代に新郎の勝俣くんとサッカー部で一緒だった、矢代啓一と言います。

いやぁ、かっちゃんから結婚するって聞いたときは本当にうれしくて、頼まれてもいないうちから、スピーチで何を話そうかなって、ずっと考えていたんですけど、結局昨日まで、10回以上も原稿を書き直しちゃって、全然まとまらないんですよ。

はじめに

あなただけの言葉、
それこそ、
スピーチの極意です。

あなたは、とても大切にされている方ですね。結婚式に招待されることはあっても、スピーチまで頼まれるのは、ごく限られた人だけだからです。

友人、知人、親戚、あるいは会社の先輩、後輩、同僚からスピーチを頼まれたということは、あなたのことをもっとも信頼し、誰よりも一番に祝福してほしいと願っている証拠です。

その気持ちがわかるからこそ、こうして今、あなたは私の本を一瞬でも手にしてくれているのでしょう。

どうか、そのままレジに持っていってほしい……と祈りたいところですが、その前に、大事なことをお伝えしなければなりません。

この本は例文だらけのほかの書籍とは違います。

この本は、誰のマネでもなく、どこかで聞いたようなスピーチをするのでもなく、あなた自身が、心の底から出てくる温かい言葉で友人を祝福し、あがらずにスピーチができるようになるための本です。

ですから、もし、手っ取り早く使えそうなスピーチ例を求めているのでしたら、どで、気がついたら、午前0時すぎていました。

よく、テレビかなんかで言ってますよね。脚本家の三谷幸喜さんも、まだ2、3行しか台本が書けてないのに、明日届けなきゃいけないときは、そのまま寝ちゃうって。この逆転の発想がいかにもプロらしいなぁって思って。ボクも早く寝て、あらためて朝考えればいいじゃないか、ってノンキに思っていたら、日本代表戦が深夜にあったじゃないですか！

かっちゃんのせいで、すっかり忘れてて、急いでテレビをつけました。案の定、つい全部見てしまって、時計を見たら朝の4時です。

これはマズイ！　すぐに寝なきゃと思ったんですけど、本田圭佑がハットトリックでしょ。

ヒーローインタビューの後も、そのゴールシーンが流れるので、これは録画しとかなきゃと思い、急いでボタンを押したら、笑点の録りすぎで容量がいっぱいなんですよ。いや、参りました。

でも、本田のゴールで勝っちゃったから、もう、うれしくて、うれしくて、よせばいいのに、パジャマのまんま、コンビニにビールを買いに走っちゃいました。

そしたら、ガリガリ君のリッチも、ちょっと高いやつ、無性に食べたくなってきて、あれは、ＣＭ効果ですよね。

思わず、よけいなものまでカゴに入れちゃって、帰宅したら、そのままガリガリ……パキーン！ゴクゴク、ですよ。

おかげさまで、起きたら11時。今の時刻が12時20分……あの、三谷幸喜さんの言ってた方法はダメですね。あれは、ウソです。

結局、予想通り、わけのわからないスピーチになってしまいましたが、とにかく、日本代表が勝った日に、こんなめでたい席に出席できて、ボクとしては、言葉では言い表わせないほどの喜びでいっぱいです。

かっちゃん、とも子さん、本当におめでとう！　２人にとって、今日の契りが、本田顔負けのゴールとなるよう願っています。

（会場拍手のあと）

ごめん！　ひとつだけ言い忘れた。こんなパスしか出せなかったけど、またサッカーしような！

ポイント

この例文はあがり症の方はぜひ参考にしてください。前章でも述べましたが、自分のことを実況中継すると、不思議とあがらなくなってくるからです。

昨日から今日までのことを、まるで小学生の日記のようにタラタラ話して、最後の最後に言いたかったことを言います。

実は、意外とこのほうが、カッコよく決まっちゃうことが多いんですよね。

妊婦編

▽元職場の同僚のスピーチ

本日は、ご両家の皆様、誠におめでとうございます。

チー、ここから見ても、まぶしいくらいに輝いているよ！　おめでとう！

つい、いつもの調子で呼んでしまいましたが、新郎のひろしさん、心からお祝い申し上げます。

私は、2年前に新婦と同じ職場で働いていた、石田幸恵といいます。一緒に営業事務の仕事をしていたのですが、パソコンがまったくできなくて、いつも、千春さんに教えてもらっていました。

間違ってファイルを消しちゃったときも、いやな顔ひとつせず、逆にニコニコしながら助けてくれるので、隣にいるだけで気持ちがスゥ～ッと落ち着いてくる、何だかマイナスイオンを発する森林のような人だなぁと思っていました。

ところが、初めて一緒に飲んだとき、

「20代は楽しく生活をする！」

「結婚のことは、30歳になるときに、するか、このままひとりで行くか決める！」

って、キッパリ宣言するんですね。

外見はご覧のとおり、ほんわかした雰囲気ですが、話をすればするほど、その内側には、自分の生き方をしっかりと据えていることがわかりました。

そういう、まわりに左右されない一本気なところがあったからこそ、隣にいるだけで安心できたり、気持ちが落ち着く感じがしたんだと思います。

そんな千春さん自身が、一緒にいて安らげる人というのが隣にいる、ひろしさんなんですよね。

初めて出会ったときから、「この人のそばにいたいなぁ」と強く感じたそうです。

それを聞いて、私はすぐにピン！ときました。

きっと新郎は、新婦よりも強力な「スーパーマイナスイオン」を放っていたに違いありません。

なぜなら、その効果はチーのお腹へも伝わって、今、新しい命が宿っているからです。そうです！　本日、新婦は妊婦さんで、すでに安定期に入っています。

ちょうど桜が咲くころには、ママになってるね、チー！

ベビーにやさしく、いつもニコニコしながら抱っこしている姿が目に浮かんでくるよ。

2人のマイナスイオンがいっぱいあふれる穏やかな家庭を、ひろしさんと一緒に、いつまでも築いていってください。

そして、たまには「森林浴」に行かせてね！

本日は、おめでとうございます。

ポイント

新郎新婦の意外な一面を紹介すると、列席者は話に惹きこまれます。

「控えめで奥ゆかしいなぁと思っていました。ところが……（芯が強かった）」

「テキパキ何でも冷静にこなすスーパーマンだと思っていました。でも……（涙もろい面があった）」

このように相反するものがあれば、例文のようにつなげてみてください。

ここでも、お馴染みの「天丼テクニック」が使われています。

部下の一言が会社を変えた編

▽職場の上司のスピーチ

池田くん、智子さん、ご結婚おめでとうございます。

今日は、昨日までの天気とは打って変わって、暖かな日差しで、まるで太陽さえも祝福しているかのように思

えます。

私は、新郎の勤務するイマジンクリエートのＷｅｂ制作部門で部長をしております、澤田と申します。

設立して、まだ5年目という若い会社ではありますが、インターネット上にお店を作りたいというお客様が多く、おかげさまで毎日、忙しい日々を過ごさせていただいています。

こう言うと、もしかしたら、お父様、お母様はご心配なさるかも知れませんが、私どもの職場では、忙しい中でも、いつも笑顔と笑い声が絶えません。

大企業では味わえない「風通しのよさ」や「やりがい」に魅力を感じ、スタッフ全員が協力し合い、最高のチームワークで仕事をしているからです。その中心にいるのが、何を隠そう、新郎の池田くんなんですね。

Ｗｅｂ制作におけるデザインセンスはもちろん、常に新しいアイディアを取り入れる、その柔軟な姿勢は皆のお手本となっています。

ところが、そんな池田くんも入社当初は……テン、テン、テンでした。

何て言いましょうか、朝が苦手と言いましょうか、1日のリズムが私とは少しずれていたんですね。

皆が朝の9時に来ても、新郎だけは、

「す、すみません！　ウィッキーさんに捕まってしまって……」

と、わけのわからない言い訳をするわけです。

だから、よく、その件で話し合いをしたんですけれども、ちょうど入社後1年くらいたったある日の朝礼で、こんなことを池田君が言いました。

「朝、来たら、先に来ている人に『おはよう』の挨拶をしましょう。遅刻は論外だけど、朝礼前にそういった挨拶があるだけで皆がいい気分でつながって、仕事ができるような気がします」

これを聞いたときに、私はハッと気づかされたんですね。

実はその頃、業務拡大でフロアが2つになり、広くなって仕事はしやすくなったんですが、逆にそのせいで、隣の部署とのコミュニケーションが少なくなっていました。

まったく違う業務なので一緒に仕事をする機会もなく、同じ仲間でありながら毎週月曜日の全体朝礼のときくらいしか挨拶を交わしていなかったんです。

そこを池田くんは、誰よりも心配して提案してくれたんですね。

たとえ部署が違っても、これから成長しようとする会社ならば、なおさら業務を越えた一体感が大切なんじゃないかと。そのはじめの一歩として、出社したら、先に来ている仲間に隣のフロアであっても挨拶しましょう、と教えてくれたんです。

これは、本当に大切なことで、本来なら私が提案するなり、手本となって実践するべきことでした。

今、会社が一丸となって取り組めているのは、まぎれもなく、新郎のその一言があったからなんです。

智子さん、このように池田くんは、とても頼りになる男です。

そして何よりも、人と人とのつながりを大事にする男です。

これから始まる結婚生活も、きっと深い愛情でつながったすばらしいものになるでしょう。

ときに試練がやってきたとしても、あとからきっと、楽しい思い出に変わっているはずです。

2人で一緒に、いや、3人、4人と、誰もがうらやむ最高のチームを作っていってください。

いつまでもお幸せに。

本日は、お招きいただきありがとうございました。

ポイント

上司が新郎の成長ぶりに太鼓判を押して、新婦にはなむけの言葉を贈るスピーチです。

ただ、褒めるだけだとご祝儀かと思われてしまいますが、例文のように「下から」の成長ぶりを紹介すると、リアリティがあるので心に響きます。

シンプル編

▽習いごとで知り合った友人のスピーチ

柳田くん、真奈美さん、ご結婚おめでとうございます。

私は、新郎と同じアナウンス教室に通っている深沢達格と申します。

柳田くんと一度でも話をされたことがある方ならご存知でしょうが、柳田くんは、思わずうっとりするほどの美声ですよね。

教室では、その声にさらに磨きをかけて、先日も、市が主催する朗読劇に主役で出るなど、今、もっとも期待されているナレーターです。

私も新郎のように表現できたらなぁと、ずっとお手本にしているのですが、実はひとつだけ、いつか言ってやりたいと思っていた不満があるんです。

それは……お酒を飲みすぎること！

たまに電話をかけると、どうしちゃったの？　と思うくらいのダミ声で出てくるので、理由を聞いてみると「記憶がない……」って言うんですね。

教室の仲間と飲んでいるときも、「喉が強いから大丈夫！」なんて言うんですが、せっかくの美声が、「ドラえもん」のようになりはしないかと、いつも心配していました。

でも、今日からそんな思いをしなくてすみそうです。

真奈美さん、よろしくお願いしますね。

よく「声は人なり」と言われますが、私は「声は健康なり」、さらには、「声は柳田なり」と思っています。

柳田くんの美声がいつまでも響き渡るような、あたたかくて誰もがうっとりする家庭を、2人で作り上げていってください。

お2人の幸せを心よりお祈りしています。

本日はおめでとうございます。

ポイント

お祝いの席なのに「不満がある」と言って、一瞬ドキッとさせます。列席者の耳を惹きつけるテクニックのひとつですので覚えておいて損はないでしょう。

そのあとは、新郎の素晴らしい「声」に引っ掛けて結んでいきます。

冒険編

▽新郎の幼なじみのスピーチ

正章くん、美奈子さん、ご結婚おめでとうございます。

私は、新郎正章君の幼なじみで、幼稚園に入る前から小学校３年生ごろまでですね、近所に住んでいました、岡垣康弘と言います。

正章くんとは、よくゴムボールとプラスチックのバットで野球をしたり、近くの見次公園で釣りをしたり、雨の日もどっちかの家で野球盤ゲームをしたりと、お互いの親に叱られるまで、ずっと一緒に遊んでいました。

なかでも、一番記憶に残っているのが、２人で自転車に乗って、初めてアスレチック公園に行ったときのことです。

アスレチック公園は、普通の公園と違って、滑り台がジェットコースターのように

長かったり、人力なんですけど、ロープウェイのような乗り物があったりと、とにかく、楽しい！　1日中遊んでいたい！　当時のボクたちにとっては、まさに遊園地みたいな公園でした。

でも、隣の区にあったので、パッと気軽には行けないんですね。

地下鉄に乗っても30分以上はかかるので、年に何回か、親に連れて行ってもらうような公園だったんです。

だから、自転車に乗れるようになって、初めて親に内緒で2人で行っちゃったときは、ドキドキもしたけど、それ以上にワクワクしたのを今でも覚えています。

お互い、地図を片手に自転車を漕ぎながら、まるで冒険するかのように走ったよね。

アスレチック公園に無事着いたときは「やったぁ」と思ったし、親に注意される心配もないので、好きなだけ遊んでいました。

ところが、気が付くとまわりがすっかり暗くなっていて、急いで帰宅しようとしたんですけど、道に迷ってしまって家に着いたのが、たしか8時すぎ。

案の定、親がボクたちを探していて、あのときはえらく叱られましたが、心の中では、何だかスゴイことを達成した気分でいっぱいでした。

あれから20年近くたった今、正章君は独立して起業家に、ボクも2年前から行政書士として独り立ちしています。

お互い、冒険心はまったく変わっていないよね。

その気持ちを、今日から始まる結婚生活でも忘れなければ、いつまでも仲よく、2人でワクワクしながら過ごすことができます。

美奈子さんの手をしっかり握って、2人のアスレチック公園を目指してください。

それと、これからは家族ぐるみのお付き合い、よろしく！

以上、一足先に冒険をスタートさせた、ボクからのお願いをもって、お祝いの言葉とさせていただきます。

本日は、本当におめでとうございます。

ポイント

「急いで帰宅しようとしたんですけど……」の部分は、本来ならば「帰る」、あるいは「戻る」という表現をしたいのですが、忌み言葉なので「帰宅」という言葉に言い換えています。

ほのぼの編

▽新婦の専門学校時代の友人のスピーチ

俊彦さん、陽子さん、ご両家の皆様、本日はおめでとうございます。このよき日にスピーチをさせていただけること、大変うれしく思います。

私は陽子さんの看護学校時代からの友人で、森崎明美と言います。

陽子さんは、とても勉強のできる優等生で、しかも、いつもあのように満面の笑顔！

口角がキュッと上がって、誰が見てもかわいらしい女性です。

クラスの皆から一目も二目も置かれる人気者でした。

でも、そんなイメージが私の中でガラリと変わった出来事があります。

あるとき、私のちょっとした悩みを陽子さんに相談したんですね。いつものように

笑って聞いてくれるのかなぁと思っていたら、こっちが吸い込まれてしまうくらいの真剣な眼差しで、時折、深くうなずきながら、ずっと私の話に耳を傾けてくれたのです。

それだけで、もう自然と気持ちが落ち着いてきたんですけど、しばらくして、ほんの一瞬、間があいた、そのとき、今まで黙っていた陽子さんが一言、

「大丈夫。どちらを選んでも、うまくいくよ！」

こう言ってくれたんです。

この一言で、私の悩みがスゥ～ッと小さくなってしまったんですね。しかも、癒されたどころか、ポンッと背中を押された感じがして、次のステップに無事進むことができたんです。

それ以来、私は陽子さんと、ずっと友達でいたいなと思いました。ふだんはおおらかなのに、ここぞというときは頼りになる、そんな姉御肌な一面を見てしまったら、同性の私でも惚れてしまいます。

本当は俊彦さんに独り占めしてほしくないのですが、あの笑顔を見ちゃったら、諦めざるを得ませんね。

陽子、これまで私の心の支えになってくれて本当にありがとう。

これからは、お互いに支えあって、いつまでもその笑顔を絶やすことなく、あたたかい家庭を築いていってください。

近いうちに、新居にお邪魔させてもらいますが、あまり私を刺激しないでね。

いつまでもお幸せに……。

ポイント

スピーチの中に「キュッ」とか「ポン」など、擬音を入れると話全体が生き生きとしてきます。「ガラリ」や「スゥ〜ッ」もそうですね。臭いだったら「モアッ」という表現を入れるだけで、その場にいるかのようにリアリティが増してきます。

実況中継＋素直に話す編

▽あがり症の社長のスピーチ

忍ちゃん、健二さん、結婚おめでとう！

私は、新婦の忍さんが先週まで秘書として勤務していた、株式会社アイディアミックスの社長を務めている山岸光明と言います。

いゃあ……困ったなぁ。

マイクの前に立ったら、やっぱり緊張してきちゃいました。

いゃあ、どうしよう……。

あの〜、私は、人前で話すのは、正直なところ得意じゃなくて、特にこういうお祝いの席で、しかもこんなに多くの方の前でスピーチするなんて、とてもできるような器じゃないんですね。

皆さんにすれば、山岸も社長なんだから、そんなわけないだろうと。何か気のきいたこととか、ちょっとぐらい、いいこと言うだろうと思われるかもしれませんが、社長といっても、こういう場では、何もそれらしいことなんて言えません。

ですから、私が思っていることを素直に言うしかないんですが、スピーチをする以上は、来賓として招かれているので、いい話をしなくちゃいけない。

ましてや、新婦と比較したら、私は人生の先輩です。結婚生活も20年以上送っている先輩ですから、ここで、いい加減な話はできない。

もう1週間も前から、ずっと考えていたのですが、どうも逆に、伝えたいことがありすぎて、うまく表現できないんですね。

おそらく、この6年間で、寝る時間を除けば、ここにいる誰よりも、忍ちゃんと一緒に長くいたのは、私だと思います。

よし、ここはジックリ腰を据えて原稿を作ろうと、昨日の夜、パソコンを立ち上げてずっと考えました。

そうだ、皆さんがあまり知らない忍ちゃんの仕事ぶりを紹介するのもいいなぁとか、それよりも、この6年間で成長した部分を私の視点で話すのもいいなぁとか、まぁ、あれこれ考えたんですけど……。やっぱりダメですね。変に社長意識があって。お恥ずかしい限りですが、考えれば考えるほど、いいことを言ってやろうとか、シャレたことが言えないかなぁなんて、欲が強くなってくるんですね。

ホント、自分でもイヤになっちゃうんですけど、気がついたら寝てしまっていて、朝、パソコンを確認したら、とてもスピーチにはなり得ない文章だけが残っていました。

で、とうとう今日ですよね。

今朝は、朝一番に商談があって横浜に行っていましたし、午後は、仮装で来てくださいって書いてあるから、この格好を考えるために、「トイザらス」に行っていましたし、もう考える余裕なんて全然なくて、とことん追い詰められてここにくる途中、ふっとひとつだけ思ったんです。

……こんな社長のそばで6年間も手伝ってくれていたんだなあって……。

忍ちゃん、ありがとう。

私は、忍ちゃんの、その「しのぶ」という名前の本当の意味は、みずみずしくて、純粋で、決して干からびていない、無償の愛であることを信じてやみません。

これからは、大好きな健二さんに、いつまでも寄り添って最高の幸せを手に入れてください。

本日はおめでとうございます。

ポイント

最初にみずから、「緊張している」とカミングアウトして、心を落ち着かせると同時に、列席者の共感を得ます。そのあとは、ひたすら自分の気持ちを実況中継。そして最後に、ようやく本題に入ります。

このパターンは、本題に入るのが遅ければ遅いほど、なおかつ短ければ短いほど印象に残るので、話べたな人やあがり症の方に向いています。一行でもいいし、一言でもいい。伝えたいことを決めたら、あとはそれを言うまでの気持ちをスピーチの中で実況中継してください。どうでもいい話を9割して、最後の1割で決めます。

ひとつ注意点としては、本題に入るとき、必ず十分な「間」を入れることです。

例文の場合、「ここにくる途中、ふっとひとつだけ思ったんです」のあとに、2秒前後の間を入れるといいでしょう。

2次会が盛り上がる
ゲーム集!

これからご紹介するゲームは、私を含めた局アナ仲間5人にアンケートを取り、これまで何百回とパーティーゲームの司会をしてきた中で、特に結婚式の2次会で盛り上がったゲームをまとめたものです。

合コンやクリスマスパーティー、忘年会、新年会などでも使えるネタですので、幹事さんならきっと役に立つでしょう。

私を含め、しゃべりのプロ、アナウンサーが強力に推薦するゲームです。盛り上がりは実証ずみ！

「次のパーティーは何がなんでも盛り上げた～い！」

「今日の司会はよかったなぁと言われたい！」

そんなあなたはぜひ、これからご紹介するゲームをプログラムに取り入れてみてください。

100円ジャンケン大逆転

どんなゲーム？

結婚式の2次会でよくあるのはビンゴやジャンケン大会ですが、実は、少しルールを追加するだけで、さらに盛り上がるものがあります。

なかでもこの100円ジャンケンは、司会しだいで盛り上げやすくなるので演出が生きてきます。

◇**参加対象**　出席者全員可能
◇**必要係員**　司会者
◇**必要なモノ**　参加者1人につき100円玉1枚
◇**所要時間**　司会により調整可能（おおよそ10分～20分）
◇**難易度**　低い

進行のしかた

参加者全員が１００円を手にして起立。

↓

近くの人とペアになりジャンケンをしていきます。

↓

勝った人がドンドン１００円玉をゲット。

↓

残り人数が少なくなってきたらステージに上がってもらいます。

↓

参加者が50人いれば優勝者は５０００円をゲットできます。

>> ここで、追加ルール！ <<

途中での敗者復活を認めます。

ゲーム途中で、その時点の勝者が持つ金額の倍を払えば、途中参加をOKにするのです。

例えば50人でスタートして残り5人になれば、計算上は1人1000円持っていることになります。

ここで2000円を持っての途中参加を認めると、金額はドンドン大きくなります。

また、最後まで勝ち残った勝者が、新郎新婦に挑戦するのも盛り上がりますね。

麻生からの一言

ボクが過去にやった例では、

「もし勝てば、新郎新婦の紹介で合コンをプレゼント。

負けたら、もちろん新郎新婦に集まったお金をプレゼントする！」

勝者が独身男性でしたから、彼女を紹介してもらえるとあって、スグに挑戦してくれました。

結果は、挑戦者がジャンケンで負けてしまい、そこまでの賞金78000円が新郎新婦にいっちゃいましたが、会場内は大盛り上がりでしたよ。


盛り上げるポイントは、**ルールの変更！**です！

愛の手書きビンゴ

どんなゲーム？

ビンゴゲームはふつう数字を読み上げて列を作りますが、これは数字でなく、ひらがな5文字で行なうものです。

◇参加対象　出席者全員可能（カードを販売する場合は購入者のみ）
◇必要係員　司会者の他、カード受け渡し係、司会を補助して読み上げた文字を記録する係がいると円滑に進む
◇必要なモノ　特製ビンゴカード、ボールペン数本、記録用の紙（ポスターの裏など大きなもの）、賞品
◇所要時間　司会により調整可能（おおよそ10分～20分）
◇難易度　低い

事前準備

特製ビンゴカードを作ります。

これは、メモ用紙大の紙を参加者数より若干多めに用意して、そこに5文字書ける枠を印字したものです。

（例）

もし、事前に枠を作る時間がない場合は、メモ用紙などで代用可能ですが、スタンプなどを押しておくと不正防止になります。

これを参加者全員に配り、そこに愛の言葉やおめでたい言葉をひらがな5文字で書いてもらいます。

「あいしてる」「だいすきさ」「おまえだけ」「おめでとう」などなど……。

ただし、同じ文字を2度使ってはいけないことにします。

（例）「だいすきだ」→「だ」が重複なのでNG

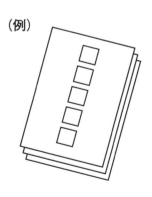

ポイントは、特製カードをできるだけ最初の入場受付時に配ることです。そして、その場ですぐに5文字の言葉を鉛筆以外の筆記用具で（あとから訂正できないようにするため）書き込んでもらうと円滑に進められます。

進行のしかた

ビンゴカードを手に持って起立をうながします。

持っていない人には係が対応し、5文字の言葉を記入させてください。

司会者か新郎新婦のどちらかが、参加者に向けてジャンケンをします。

そして、最後まで勝ち残った人が50音の中から好きな文字を1つ言っていきます。

たとえば「あ」、あるいは「だ」、「お」などなど……。

このとき、係はみんながどの文字を言ったかをきちんと記録するようにしてください。

できれば、会場中から見える大きさの紙に書いていくと盛り上がります。

この要領でビンゴを進めていって、最初に5文字揃った人がビンゴ！

誰もがほしがる商品か賞金をプレゼントするとさらに盛り上がります。ボクのこれまでの経験では、ｉＰｏｄやお掃除ロボットのときが熱くなりました。

賞品は会費から捻出する方法とカードを販売して賞品代を作る方法があります。

例えば、ビンゴ用紙を1枚５００円で販売すれば、50人参加で２５０００円です。

４文字まで揃った人は、「リーチ！」と言って司会の近くに来てもらうとよいでしょう。

また、５回ジャンケンに勝てば、自分の書いた5文字を言うこともできるので、自

力でビンゴを獲得することも可能です。最後まで盛り上がりますよ！

>> アレンジルール <<

参加者が多い場合は、6文字にすると面白くなります。

入場時に特製ビンゴカードを配る際、最初の5文字は司会者が用意した文字例から選んで記入してもらいます。

例えば、「あいしてる」、「しあわせだ」、「おまえだけ」、「おめでとう」など、数例を用意。

そして、残りの1枠には好きな文字を記入してもらいます。

「あいしてる＋よ」「しあわせだ＋ね」という調子です。

6文字ルールは、会場がチーム分けされる面も出てくるので一体感が生まれます。

これで盛り上がらなかったことは一度もありませんから、ぜひバリエーションのひとつとしてチャレンジしてみてください。

参考までに、ボクの司会例を載せておきます。

具体的な司会例

2次会へご出席の皆さん。これからお祝いビンゴを始めます！

入場時にお配りした（購入していただいた）ビンゴカードを手に持ってご起立ください！

持っていないという方は手を挙げてください。

また、確認ですが、5文字は記入されていますか？
もし、まだ記入されていない方は、手を挙げてください。
あと、5文字の中に重複する文字がある人も手を挙げてください。
手を挙げた方は受付に急いで行ってご準備をお願いします。

普通のビンゴは数字を揃えますが、このビンゴは、文字を誰よりも早く揃えた人が賞品をゲットすることができます。

文字を決めるのは、ビンゴマシーンじゃなくて皆さんですよ。

これから私（新郎新婦）とジャンケンをして、勝ち残った人が好きな文字をひとつ言えます。

だから、ジャンケンに強い人は5回勝ち抜けば、自力でビンゴ！できるかもしれません。……ということは、このゲームの賞品「ｉＰｏｄ」があなたのものになるかもしれないんです！

さあ皆さん、盛り上がっていきましょう♪

最初のジャンケン、いきますよ！　ジャンケン……ポン！

～以下、1人勝ち残るまで繰り返し～

勝った方、好きな文字をひとつ決めてください！（会場の全員が見える紙に記入）

～以下、4文字が決まるまでこれを繰り返していく～

さあ、あと1文字でビンゴという方はいらっしゃいますか？

「私です！」という方はボクの近くに集まってください！

～ジャンケンを繰り返す。ビンゴが出たら司会のそばに来てもらい、係がカードをチェックする～

ビンゴが出ました！　係がチェックします。おめでとうございます！

こんな感じです。これはあくまでも一例ですので、ぜひ参考にしてみてください。

愛パートナーは誰だ？

どんなゲーム？

会場中を歩き回り、自分とゲームペアになる異性を探します。
ちょっと、ドキドキするゲームです。

◇**参加対象**　出席者全員可能（ただし、着ている服によっては参加できない人も）

◇**必要係員**　司会の他に、受付で背中に紙を貼る係が必要

◇**必要なモノ**　Ｂ５かＡ４の白紙
白紙を背中に貼るためのテープ（マスキングテープが最適だが、セロハンテープでも可）
賞品（映画券、食事券など、ペアで楽しめるもの）
またウケ狙いもあり（例：封筒に温泉ご招待と書いて中身は入浴剤

2つ……など）

◇所要時間　2次会スタートから30～40分後くらいがメド

◇難易度　低い

進行のしかた

参加者は、ルールに従って自分の背中に貼られたキーワードとペアのキーワードが背中に貼られた異性を探します。

自分のキーワードは自分ではわかりませんが、この人が自分のペアだと確信したら、一緒にステージに上がってもらいます。

そして、司会の掛け声で同時に客席に背中を見せます。

見事ペアだったら、客席の皆さんに拍手をしてもらい、間違いだったら再度ペアを探してもらいます。何回チャレンジしてもOKです。

最初にペアを見つけた人（または2位以下の人）に賞品をプレゼントします。

事前準備

2次会の参加者人数より少し多めにB5かA4の白紙を用意します。

次に、ゲーム参加人数の半分の「ペアキーワード」を考えます。

参加者が40名なら20個の「ペアキーワード」を用意します。

「ペアキーワード」とは、例えば、「日本」と「東京」、「アメリカ」と「ワシントン」、「カレー」と「福神漬け」、「イチロー」と「マリナーズ」、「DAIGO」と「北川景子」など、2つの言葉がペアになるキーワードのことです。

このようなペアのキーワードを2枚の用

紙に分けて書いてください。遠くからでも見えるように太めのペンが最適です。片方を黒、片方を赤というように、色を分けるとさらにいいですね。

できあがったら、片方を男性、もう片方を女性の背中に貼れるよう、受付で準備してください。

参加者の入場時に1人に1枚ずつ背中に貼っていきます。

このとき、貼られた当人には何というキーワードが貼られたかわからないようにしてください。

受付で最低限のルール説明が必要です。

説明例

皆さんの背中に、男性と女性でペアになるキーワードを貼ります。

各キーワードでペアになるのは必ず1組だけです。

あなたの背中のキーワードとペアになるキーワードが貼られた「異性」が必ず会場にいますから、その人を探し出してください。

ただし、自分の背中のキーワードは絶対に最後まで見ないでください。

他の人に聞いてもダメです。他の人のキーワードも絶対に教えたりしないでください。探す方法は、他の人のキーワードを見て回って誰と誰がペアかを調べれば、必ずペアの見当たらない異性が1人だけいるはずです。

その人が、あなたの探すペアです。

全員の背中を見て回って、その1人を探し出してください。

司会者も、参加者が会場に入ってきたら、すぐにルールの説明をしてください。

具体的な司会例

会場の皆さん、受付でゲームに参加するためのキーワードを背中に貼ってもらいましたか？

衣装の関係で参加できない方以外は、全員参加で楽しみましょう。

まだキーワードを貼っていない方は、受付に急いでください。

では、ルールを説明します。

①皆さんの背中には男性と女性でペアになるキーワードが貼られています。このキーワードは、必ず会場の誰か1人とペアになるキーワードです。例えば、アメリカとワシントン、日本と東京などです。間違えそうなキーワードはありません。あなたのペアになるのは、必ず1人の異性だけです。

②ペアの探し方は、会場中をドンドン歩き回って、他の人の背中のキーワードを見て回ることです。

誰と誰がペアかを見て調べていくうちに、必ず1人だけキーワードのいない異性がいるはずです。その人が、あなたのペアです。

③この人こそ、自分のペアだと確信したら、後ほど2人でステージに上がっていただ

きますから、近くにいてくださいね。

このようなルール説明を何度かしてください。
もし、会場にいる人たちがなかなか動かなかったら、次のようなコメントを入れましょう。

さあ皆さん、ドンドン会場を歩いて回って、自分のペアを見つけてください。
早くペアになった方には、プレゼントを用意しています。
パートナーになった2人は、温泉にご招待いたします！

ある程度、行動をうながしたら、ここで少し時間をとります（10分～15分前後）。
そして、その後本編をスタートさせます。

本編スタート

それでは、お祝いのゲーム「愛パートナーは誰だ？」を始めます。
先ほども説明しましたが、入場時に、皆さんの背中にはキーワードの書かれた紙を貼りました。

このキーワードは、必ず会場の誰か1人とペアになるキーワードです。

例えば、アメリカとワシントン、日本と東京などです。
間違えそうなキーワードはありません。必ずペアになるのは1人だけです。
そのたった1人のペアを探し出してください。

ただし、ルールがあります。

まず、自分の背中のキーワードは見ない、他の人に聞かない、他の人のキーワードも教えない、です。

会場を歩き回って、誰と誰がペアになるかを見て回ってください。

必ず、ペアの見当たらない異性がいるはずです。

その人が、あなたのパートナーになります。

この人こそ自分のパートナーだと思ったら、一緒にステージに上がってきてください。司会の私が確認いたします。

最後まで、絶対に自分の背中のキーワードは見ない、他の人に聞かない、他の人のキーワードも教えないでくださいね。

見事パートナーになったお2人は、温泉にご招待いたします！

それでは、この人こそ自分のペアだと確信したら、一緒にステージに上がってきてください！

～ステージにペアが上がってきたら～

ペアになった方々がいらっしゃいました。では、確認してみましょう。皆さんが審査員ですよ。２人には、掛け声で振り向いてもらいますから、見事キーワードがペアになっていたら、大きな拍手をお願いします！

～このようなコメントを入れます。ここで、間違っていたら～

残念でした。キーワードはペアになりませんでした。どうぞ、またペアを探しに行ってください。

～ペアになったら～

おめでとうございます。見事、ペア誕生です！　では、賞品の贈呈です。このとき、賞品贈呈は新郎新婦からにすると盛り上がりますよ♪

麻生からの一言

このゲームは、初対面同士が多い2次会の会場でも、

「すみません、背中を見せてください」

「きっとペアだと思いますから、ステージに行きましょう」

などと会話が弾みやすくなります。

また、ステージに上がった2人が正解のときはもちろん、間違ったときも盛り上がります。

会場全体で楽しめるゲームですから、ぜひイベントに加えてみてください。

懐かしい「ねるとん」！

どんなゲーム？

80年代にとんねるずが司会をしていた、素人参加者の集団お見合いバラエティ番組の再現です。

◇参加対象　出席者から男女4～10人前後（会場や参加総数から決めます）

◇必要係員　司会の他に誘導係が1～2名いると楽です

◇必要なモノ　ステージ、もしくは会場からよく見えるスペース

（参加者が対面して並べるくらい）

椅子があれば用意

ネームプレート、もしくは衣装に付けられる番号札

カップルへの賞品があるとさらに盛り上がる

◇所要時間　司会により調整可能
（数回のパートに分かれますが、各10分〜20分程度）
◇難易度　低い

事前準備

受付時に、ねるとんへの参加者を募ります。

もし参加希望者が多い場合は、数回に分けるか、名前を書いてもらって抽選をするなどの対応をします。

進行のしかた

まず、新郎新婦が到着するまでの時間に「ねるとん」参加者に決まった男女を、ステージもしくは開催スペースに呼びます。

そして簡単にマイクで自己紹介してもらい、異性の好みを聞きます。

そのあと、参加者にそのままステージもしくは開催スペースに残って親交を深めてもらいます。

司会者は盛り上げ要員として、皆がたくさん話をできるように頑張りましょう。

ここで、新郎新婦の兄弟や、すでに結婚している友人でノリのよい人などが、お笑いコンビのように一緒に盛り上げてくれると司会者は助かります。

新郎新婦が会場に到着したら、2人を参加者で囲んで写真を撮影しましょう。新婚さんを囲んで写真を撮ることで気分が盛り上がっていきます。

また、新郎新婦の到着が早ければ、ねるとん参加者の中に入ってもらい、ホスト役をお

願いしましょう。

新郎新婦が仲介になることで全員に接点ができ、スムーズに進行ができます。

時折、司会がマイクで実況をしたり、一言意気込みを聞いてみたりしてください。

そのあと、参加者には会場へ戻ってもらい、各自でドンドン話をしてさらに親交を深めてもらいます。

できるだけ、参加者同士で話すようにうながしてください。

この間、他のゲームやビデオ上映などをしてもいいでしょう。

頃合を見て、クライマックスの告白大会に移ります。

参加者は、３回ぐらいステージに上がった

り下りたりしますが、まわりの人も一緒にドキドキ感を味わえます。

カップルになった人にはプレゼントを用意しましょう。

ボクがこれまで用意したプレゼントの中でウケたのは、「温泉旅行」……でも中身は、温泉成分が入った入浴剤、「ディズニーシー」……でも中身は、4体のディズニーキャラクター（ディズニー四《し》）。

なんてのが大爆笑でした。

具体的な司会例

◉参加者はすでに決まっている前提

さあ皆さん、今日新たな門出を迎えた新郎新婦の幸せに、ぜひあやかりたくないですか？　ここで「ねるとん」をやっちゃいます！

すでに、新郎新婦のように素敵なパートナーと出会いたいと願う参加者の皆さんが決まっています。

それではステージにお迎えしましょう。大きな拍手をお送りください！

〜ステージに全員上がったら〜

では、それぞれお名前と一言ＰＲポイント、そして好みのタイプを教えてください。

〜インタビュー〜

皆さんには、新郎新婦が到着するまでの間、このＬＯＶＥ・ＬＯＶＥスペースで親交を深めてもらいます。会場の皆さんもお楽しみに！

〜時折マイクで実況などを入れると会場も盛り上がる〜

(例)「お〜、いきなり●●さんと○○さんがツーショットだ！」
「ここで●●さんが女子全員にＰＲしたいそうです」

～新郎新婦到着～

新郎新婦が到着しました。拍手でお迎えください！

まず、ステージにお越しください。

そして、ねるとん参加者の皆さんと一緒に記念撮影をいたします。

◉新郎新婦の到着が早ければ……

では、しばらくの間、新郎新婦もねるとん参加者にまじってアツアツの会話を楽しんでください。

～頃合を見て、新郎新婦を会場にうながす～

◉新郎新婦の到着に時間がかかれば

では、新郎新婦は皆さんの待つ会場へどうぞ！

ねるとん参加者の皆さんも一度会場のほうへお戻りください。
ただ、できるだけ参加者同士で話をするようにしてください。
まわりの皆さんも、参加者の皆さんを盛り上げてくださいね。

◉ここで、他の出し物がある場合は

では、ここからは■■■で楽しんでいきましょう。
そのあとで、いよいよねるとん参加者の皆さんの告白タイムもありますよ。

◉出し物などがない場合は

では、ここからは新郎新婦の幸せの笑顔とおいしいお酒をお楽しみください。
しばらくしたら、いよいよねるとん参加者の皆さんの告白タイムもありますよ。

～頃合を見て～

皆さん、いよいよ「ねるとん」のクライマックス、告白タイムです。参加者の皆さんはステージにお越しください。

～男女が対面で整列～

では、●●さんから（1番の人から）、意中の方へ告白をしていただきます。私が合図をしたら、その人の前に立って、気持ちを打ち明けてください。ではどうぞ！

～結果を受けて～

◉カップル誕生の場合

見事、△組のカップルが誕生しました。あたたかい拍手をお願いいたします。素敵な出会いをしたお2人にはプレゼントがありま～す！

◉カップルが誕生しなかった場合

残念ながら、今日はカップルが誕生しませんでした。でも、本番はこれからです。2次会はまだまだ続きますから、どうぞ素敵な出会いを見つけてください！

麻生からの一言

一度、ＹｏｕＴｕｂｅかＤＶＤなどで実際に放送された番組を観ておくと進行しやすいでしょう。

参加者に関しては、事前に新郎新婦に協力してもらい、ノリのよい人などに打診しておいてもらうとスムーズにいきます。

以上、４つのゲームをご紹介いたしましたが、どれもボクたちアナウンサーが必ず２次会で行なうゲームです。

なぜなら、これまで結婚式以外のパーティーを含め何百回とやってきた中でもっとも盛り上がった実績のあるゲームだからです。

今回は、結婚式の２次会用としてコメント例を載せましたが、ほかのパーティー（クリスマス、新年会、合コンなど）でももちろん使えます。

簡単で盛り上がるものばかりですから、ぜひ、試してみてくださいね。

【参考文献】

『「心のDNA」の育て方』石井裕之著 フォレスト出版
『ダイナマイトモチベーション6ヶ月プログラム』石井裕之著　フォレスト出版
『喋らなければ負けだよ』古舘伊知郎著　青春出版社
『心のウイルス』ドナルド・ロフランド著 英治出版
『名言セラピー++』ひすいこたろう著　ディスカヴァー・トゥエンティワン
『宇宙を貫く幸せの法則』小林正観著 致知出版社
『まず、自分の力で歩いてみなよ！』清水克衛著　ゴマブックス
『ウケる技術』水野敬也・小林昌平・山本周嗣著　インデックス・コミュニケーションズ
『夢をかなえるゾウ』水野敬也著　飛鳥新社
『手紙屋』喜多川泰著　ディスカヴァー・トゥエンティワン
『女性のためのスピーチハンドブック』松田美穂子著　大泉書店
『友人代表の結婚スピーチ』梶原しげる著　大泉書店
『7日間続ければあなたは変わる ピッカピカ』森下裕道著　ソーテック社
『さようなら！「あがり症」』麻生けんたろう著　同文舘出版
『世界を変える人たち』デービッド・ボーンスタイン著　ダイヤモンド社
『吉田松陰一日一言』川口雅昭編　致知出版社

著者略歴

麻生　けんたろう（あそう　けんたろう）

ラジオＤＪ／パーソナルモチベーター／ＦＭりべーる取締役
あがり症の営業マン時代を過ごすも、局アナをしている友人との出会いにより克服。アナウンサー養成学校に通う。その後、札幌転勤を機に独立を決意。北海道のラジオ局を中心に喋り手として活躍。近年はその経験を活かし、話し下手で悩む経営者、医療関係者、就活生、女性起業家など、延べ1700人以上に個別指導をする他、地元旭川では聴衆の関心をひきつけるプレゼン力、初対面でも相手の心を開くコミュニケーション力を磨く勉強会「雄風会」を主宰。ラジオの喋り手ならではの話術『スケッチ・トーキング』をはじめ、メンタリズム、コールドリーディング、ＮＬＰのスキルを融合した仕事や恋愛に活かせる独自のコミュニケーションノウハウを伝授し、2016年からは旭川市の縁結びネットワーク支援員として婚活アドバイスも行う。著書に最新刊『「しゃべる」技術』（WAVE出版）『さようなら！あがり症』（同文舘出版）『話がわかりやすい！と言われる技術 スケッチー・トーキング』（大和書房）『結果を出す人、出せない人の話し方』(PHP研究所)他がある。

【無料メールマガジン】
プロが教える！あと１センチ、相手の心に近づく会話術
http://www.mag2.com/m/0000166456.html

【公式Webサイト】
麻生けんたろうのサイト　http://www.asoukentaro.com/
麻生けんたろうのfacebook　https://www.facebook.com/asou.kentaro

【連絡先（セミナー講演・研修等）】
〒070-0841　北海道旭川市大町１条４丁目14－315 ワンドリームピクチャーズ内
株式会社アルマテックネット
電話　0166-73-8235 / E-mail info@1mc.biz

新版　もうあがらない！
結婚式のスピーチで困らない本

平成30年4月12日　初版発行

著　者 ―― 麻生けんたろう
発行者 ―― 中島治久

発行所 ―― 同文舘出版株式会社

東京都千代田区神田神保町1-41　〒101-0051
電話　営業03（3294）1801　編集03（3294）1803
振替 00100-8-42935　http://www.dobunkan.co.jp

ISBN978-4-495-57902-9

印刷／製本：萩原印刷　Printed in Japan 2018